Alexander Sinowjew

Der Arm des Kremls

Komödie

Aus dem Russischen von G. von Halle

Diogenes

Titel der Originalausgabe:
РУКА КРЕМЛЯ
(›ruka Kremlja‹)
Umschlagillustration: Tomi Ungerer

Deutsche Erstausgabe

20/86/15/1
ISBN 3 257 01714 6

Inhalt

Prolog

*Auf der rechten Bühnenhälfte der Kreml mit Raketen, die nach links gerichtet sind, auf der linken Bühnenhälfte der Westen (Eiffelturm, Freiheitsstatue usw.) mit Raketen, die nach rechts gerichtet sind. Von links tritt ein Westmensch (*WM*) auf die Bühne. Er ist groß, mager, mit langem Haar und Bart und so gekleidet, daß man in ihm auf den ersten Blick den Westler erkennt. (Zum Beispiel Jeans und Lumberjack.) Von rechts kommt ein Sowjetmensch (*SM*), klein, dick, rundes Gesicht, kurzgeschoren, glattrasiert und gekleidet wie ein sowjetischer Parteibeamter mittleren Ranges.* WM *und* SM *drücken sich in der Mitte der Bühne die Hand, wenden sich ans Publikum:*

WM Verehrte Zuschauer: Gemäß unseres Programms für kulturelle Zusammenarbeit und Kulturaustausch zwischen Ost und West, zeigen wir Ihnen heute eine ost-westliche Komödie über die friedliche Koexistenz zweier Gesellschaftssysteme, die leider unvereinbar sind und bleiben ...

SM ... im Westen.

WM Wieso nur im Westen?!

SM Weil es bei uns in der Sowjetunion keinerlei Koexistenz von Kommunismus und Kapitalismus geben kann – und erst recht keine friedliche: Wir wären dazu bereit – bei euch im Westen, nicht bei uns. Aber wenn ihr natürlich nicht friedlich …

WM Aber nicht doch! Und ob wir wollen! Wir werden uns doch nicht wegen Banalitäten streiten, lieber Kollege. Wir verhandeln hier schließlich nicht über einen Wettrüstungsstopp …

SM Wenn das so ist – ran an den Feind, wie wir Russen sagen …

WM Verzeihung! Habe ich recht gehört?

SM Wie verstanden, so gemeint.

WM Ach so, ein Scherz. Ihr Russen beliebt zu scherzen. Eure Sowjetwitze sind äußerst komisch, besonders die antisowjetischen. Erzählen Sie doch mal einen!

SM Zu riskant.

WM Ich werde Sie doch wohl nicht denunzieren. Bin schließlich kein Sowjetmensch.

SM *Ich* habe keine Angst. Kann schließlich jederzeit selber denunzieren. Wen ich will. Habe nur Bedenken wegen des Westens.

WM Wie das?

SM Ich brauche doch bloß einen antisowjetischen Witz zu erzählen, und ihr glaubt auch schon, wir würden unser Regime stürzen.

WM Na, etwa nicht? Ich an eurer Stelle jedenfalls würde es tun, so hundsmiserabel wie euer Regime ist.

SM Und wie wollt ihr die Vorzüge eurer westlichen Demokratie genießen, wenn wir unser miserables Regime stürzen? Eure progressiven Kräfte werden, hast du's nicht gesehen, eurer geliebten Demokratie den Garaus machen und statt dessen unser Regime bei euch einführen. Wollt ihr das?

WM Gott bewahre!

SM Dann laßt mal schön unser Regime Regime sein und helft uns lieber, es zu stärken und zu festigen.

WM Ja aber, wenn wir euch auch noch helfen, stärker zu werden, dann zwingt ihr uns eines Tages euer Regime mit Gewalt auf!

SM Lieber Kollege, da brauchen Sie sich nun wirklich keine Gedanken zu machen: Wir haben nicht die geringsten Eroberungsabsichten im Westen. Wir wollen nicht erobern, wir wollen befreien! Wir wollen den Westen befreien. Für uns, versteht sich. Eroberungsabsichten im Westen – die hat der Westen selber.

WM Wo bleibt da die Logik, Kollege?

SM Das ist es ja! Warum sollte der Westen den Westen erobern? Ist doch völliger Nonsens. Deshalb sind wir ja auch ganz entschieden gegen die Eroberungspolitik des Westens im Westen. Äußerstenfalls könnten wir uns auf eine Zusammenarbeit einlassen, auf der Basis völliger Gleichberechtigung, versteht sich: die eine Hälfte für euch, die andere für uns. Einverstanden? Wenn ihr nicht wollt, schaffen wir's auch alleine, ohne euch.

WM Natürlich sind wir einverstanden, lieber Kollege. Wir sind schließlich immer für Zusammenarbeit, wenn es beiden Seiten nützen kann. Eben darum geht es ja auch in unserem Stück. Womit fangen wir an?

SM Mit dem Anfang natürlich, mit dem 1. April-Plenum des ZK der KPdSU: beim Beschluß von Maßnahmen zur Behebung gravierender Mängel betreffend die Arbeit des Westens.

WM Und warum hat eure Regierung ausgerechnet den 1. April für dieses Plenum gewählt? Den Tag, an dem jeder jeden einfach so, aus Jux, an der Nase herumführen kann!

SM Nicht nur aus Jux: – Also dann, Kollege, auf! Nach Moskau!

WM Man wird mir das Visum verweigern, ich stehe beim KGB auf der Schwarzen Liste.

SM Und ich bei eurem Sicherheitsdienst. Werde also kein Visum für den Westen kriegen.

WM Was tun? spricht Zeus.

SM Ganz einfach. Wir tauschen unsere nicht erteilten Visa, und die Sache ist geritzt.

WM Ein guter Anfang für eine friedliche Koexistenz!

ERSTER AKT

1. April-Plenum des ZK *der* KPdSU

Der Vorhang hebt sich. Sitzungssaal im Kreml. Oben die Losung: ES LEBE DER KOMMUNISMUS, DIE LICHTE ZUKUNFT DER MENSCHHEIT! *Die Porträts einiger Reihen führender sowjetischer Regierungsmitglieder, die zum* ZK*-Plenum gekommen sind – im Halbrund; hinter ihnen in der Mitte ein gigantisches Lenindenkmal und rote Fahnen; vorn in der Mitte die Rednertribüne. Rechts und links Türen für die Auftritte der Darsteller. Wenn der Vorhang aufgeht, ist ein Teil der Plätze für die führenden Regierungsmitglieder sowie der Platz des Redners auf der Tribüne noch frei. Die Porträts der fehlenden führenden Regierungsmitglieder werden über ihre Plätze gehängt. Die führenden Regierungsmitglieder sind schematisch skizziert.*

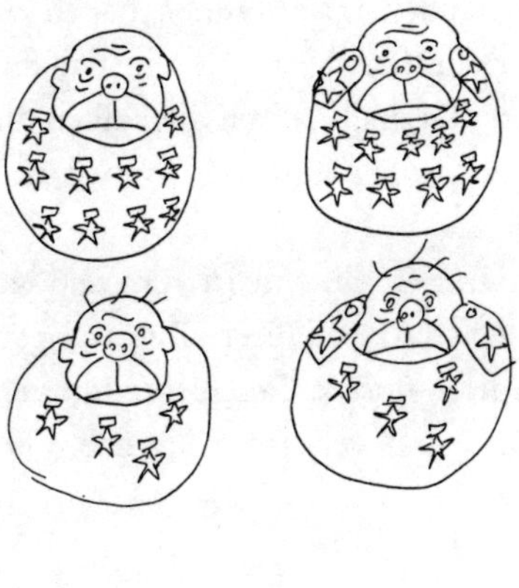

WM Vor sich sehen Sie die obersten Vertreter der Sowjetregierung. Keine Adonisse, wie Sie sehen, und auch nicht mehr die Jüngsten, auch ganz schön – korpulent. Unsere Kremlologie ... Kremlologie, die Wissenschaft von der sowjetischen Regierungspolitik, vom »Kreml« also ... Unsere Kremlologie setzt fest, daß sowjetische Regierungsvertreter im Durchschnitt zwanzig Jahre älter, zwanzig Zentimeter kleiner und zwanzig Kilo schwerer zu sein haben als unsere westlichen Regierungsvertreter.

SM Richtig: Schließlich haben unsere Regierungsvertreter ja auch nicht die Aufgabe, Frauen zu verführen und Rekorde im Sport aufzustellen, sondern über das Schicksal der Menschheit zu entscheiden. Und dazu gehört Weisheit, über die man erst im vorgerückten Alter verfügt.

WM Die Sowjetregierungsvertreter werden in »Falken« und »Tauben« unterteilt. Das hier sind die Falken und das – die Tauben. Die Tauben haben weniger Auszeichnungen aufzuweisen als die Falken, dafür aber mehr Haare. Deshalb zerren die Falken die Geschichte nach hinten zurück, und die Tauben stoßen sie vorwärts.

SM Wo in unserer Geschichte ist vorn und wo hinten? Du weißt es nicht? Also: Unsere Regierungsvertreter stoßen und puffen unsere Geschichte mit vereinten Kräften vorwärts und verpassen ihr dabei eins hinten in den ...

WM Des weiteren unterteilt man die sowjetischen Regierungsvertreter in »Politische« und »Militärs«.

SM Die Militärs kommen mit Achselstücken zu den Sitzungen, und die Politischen lassen sie zu Hause.

WM Außerdem haben sie ein unterschiedliches Verhältnis zum Krieg.

SM Die Politischen haben Angst vor einem Krieg mit dem Westen, weil sie noch nicht ganz von einer Niederlage des Westens überzeugt sind, und die Militärs können sich nicht entschließen, einen Krieg gegen den Westen anzufangen, weil sie nicht davon überzeugt sind, daß die Sowjetunion gewinnen würde, weshalb unsere Regierung bereit ist, für den Frieden zu kämpfen – bis zur letzten Patrone, zum letzten Soldaten ...

WM Schön gesagt!

SM ... bis zur letzten sowjetischen Patrone und bis zum letzten westlichen Soldaten. Wenn schon friedliche Koexistenz, dann auch redlich geteilt.

WM Wie Sie sehen, verehrte Zuschauer, sind die führenden sowjetischen Regierungsvertreter zu einem ordentlichen außerordentlichen ZK-Plenum der KPdSU zusammengekommen. Sie warten auf den Generalsekretär, Gensek genannt. Noch sind die wichtigsten Vertreter, unter denen der neue Gensek gewählt werden soll, nicht anwesend. In Moskau geht das Gerücht, der derzeitige Gensek sei längst verstorben, was aber vor der Bevölkerung geheimgehalten wird. Warum eigentlich, Kollege?

SM Der Kreml hat noch nicht entschieden, wer die Grabrede halten soll. Wer die Grabrede an sich zu reißen vermag, wird automatisch neuer Gensek. Ich habe im ZK einen Bekannten. Der hat mich – selbstverständlich hinter vorgehaltener Hand – wissen lassen, die Anwärter auf den Gensek-Posten, die sich die Beine danach ausreißen, sich gegenseitig die Grabreden abzuluchsen, hätten die Rede in tausend Stücke zerfetzt, weshalb sich nun die Apparatschiks eine neue einfallen lassen müssen. Und in unter zwei Wochen ist die nicht fertig. Und der selige Gensek muß nun solange zu den Sitzungen kommen und den westlichen Politikern und Journalisten Rede und Antwort stehen.

WM Gar nicht so einfach.

SM Halb so schlimm! Unsere Leute da oben sind an sowas gewöhnt. Die machen das sogar mit dem größten Vergnügen. Einer unserer verstorbenen Genseks ist sogar noch einen Monat nach seinem Tode in eins unserer sozialistischen Bruderländer gereist. Und ein anderer ist aus dem Grab gesprungen, als sein Nachfolger mit der Grabrede zu rascheln anfing, und erst, als er seinen Namen darin entdeckte, fügte er sich dem ZK-Beschluß, in der Kremlmauer eingemauert zu werden. Übrigens, werter Kollege, hast du noch eine höchst wichtige Unterteilung unserer Regierungsvertreter vergessen.

WM Unmöglich! Welche denn?

SM Die in Ewiglebende und Halbtote.

WM Ein guter Witz! Ha-ha-ha!

SM Pst! Führende Kremlfiguren schleichen herum! Sie gehören zur Gruppe der Halbtoten – ohne Witz. Und alle lechzen sie danach, zu den Ewiglebenden gehören zu dürfen.

Aus der Tür rechts kommen Männer mit den Porträts der führenden sowjetischen Regierungsvertreter auf die Bühne. Sie hängen die Porträts an die dafür vorgesehenen Plätze und verschwinden durch die Tür links.

SM Die Leute, die Sie eben gesehen haben, sind Apparatschiks, das heißt Funktionäre des ZK-Apparats der KPdSU. Zu ihren Aufgaben gehört es, die obersten Vertreter der Sowjetregierung aufzuhängen, umzuhängen, abzunehmen und wegzuschaffen, Reden für sie aufzusetzen und ihnen dabei behilflich zu sein, fehlerlos abzulesen und ihnen zu soufflieren, wann sie ja und wann nein stimmen müssen. Mit einem Wort, sie haben innerhalb der Machtmaschinerie rein technische Funktionen zu erfüllen.

WM Richten Sie nun bitte Ihr Augenmerk auf die Taube in der ersten Reihe rechts von dem für Gensek vorgesehenen Platz. Das ist der zukünftige Gensek. Die Tauben übernehmen die Macht im Kreml, und ...

Von rechts kommt ein Funktionär des ZK-Apparates angerannt und hängt die Taube von der ersten in die zweite Reihe und an ihre Stelle einen Falken.

WM Wie wir vorausgesehen haben, halten die Machthaber im Kreml an den Falken fest.

Die Funktionäre des ZK-Apparates bringen irgendwelche Pappstücke auf die Bühne, setzen daraus das Porträt Genseks zusammen und hängen es über die Tribüne. Gensek sieht so aus:

Beim Aufhängen lösen sich einige Pappstücke und fallen zu Boden. Genseks Assistenten heben sie auf und befestigen sie dort, wo sie hingehören.

SM Hier haben wir also Gensek höchstpersönlich. Diese Orden hier hat er für den letzten Krieg verliehen bekommen – dreißig Jahre nach Kriegsende. Und die hier dafür, daß er im nächsten Krieg die Gesamtheit der Streitkräfte unseres Planeten anführen will. Die da – für die Befriedung der Tschechoslowakei, die – dafür, daß er Afghanistan brüderlich zu Hilfe geeilt ist, diese – für seine literarischen Erfolge und die hier – für seinen Beitrag zum Marxismus-Leninismus.

Gensek nickt ein. Er schnarcht laut. Einer seiner Assistenten langt nach einer riesigen Spritze und gibt Gensek eine Injektion in den Hintern. Ein zweiter Assistent schnappt einen Hammer und haut ihn Gensek auf den Schädel. Der Schlag wird von einem lauten Ton begleitet. Gensek zuckt zusammen.

GENSEK Wo ist meine Rede?!

WM In der Tat – wo ist sie? Da hat man Gensek in sprechbaren Zustand versetzt, und nun ist die Rede nicht da! Daß ein sowjetisches Regierungsmitglied frei spricht, ist nicht vorgesehen. Aber wieso eigentlich?

SM Weil es dazu nicht in der Lage ist.

WM Da haben wir sie, die verwundbare Stelle des Sowjetsystems! Würde man nämlich euren Regierungsleuten statt der von ihren Apparatschiks aufgesetzten Rede die eines westlichen Politikers unterschieben, könnte man die Sowjetunion zur westlichen Demokratie bekehren.

SM Gar nichts könnte man.

WM Und warum nicht?

SM Weil unsere Leute von der Regierung keine westlichen Sprachen können.

WM Kein Problem, dann wird die Rede eben ins Russische übersetzt.

SM Das Problem ist bloß, daß die Reden westlicher Politiker ins Russische übersetzt sich genau so anhören wie die Reden unserer Politiker.

Die Apparatschiks kommen auf die Bühne gerannt – mit einer großen Rolle, die sie vor Gensek entrollen. Während sie mit dem Entrollen beschäftigt sind, spricht der SM:

SM Allmonatlich diskutieren die Vertreter der Sowjetregierung die Lage irgendeines Wirtschaftszweigs. Auf dem letzten ZK-Plenum ging es um die Lage der Landwirtschaft. Es wurde beschlossen, bei uns zu Hause zu säen, die Ernte jedoch in Amerika einzubringen. Der Beschluß wurde bereits in die Tat umgesetzt. Auf dem heutigen Plenum wird die Lage eines anderen Zweigs der Sowjetwirtschaft diskutiert, die Wirtschaft des Westens.

GENSEK Wer – t-te Ge-nos-sn Im-per-ja-listn …

Poltern. – Die Assistenten hindern Gensek am Weiterreden, indem sie ihn mit der Nase in den entrollten Text stoßen.

GENSEK Wer-t-te Ge-nos-sn ...

Donnernder Applaus. Gensek schläft ein. – Der Applaus ist verstummt. Gensek schnarcht. Die Assistenten rütteln ihn wach.

GENSEK *kläglich* Ich muß mal!

Die Assistenten rollen die Rede zusammen und tragen Gensek hinaus.

WM Gensek hat die Sitzung verlassen. Offenbar eine Militärrevolte!

SM Wohl eher eine Darmverschlingung. Du hast wirklich keinen blassen Schimmer, Kollege, wie das bei uns läuft.

WM Alle Sowjetleute sind fest überzeugt, Westler wären beim besten Willen nicht in der Lage zu begreifen, was in der Sowjetunion vorgeht.

SM Und sämtliche Westler sind durch die Bank davon überzeugt, ein paar Tage reichten aus, um über unsere Verhältnisse besser Bescheid zu wissen als unsere Leute selber. Warst du eigentlich schon in der Sowjetunion, Kollege?

WM Allerdings.

SM Und wie oft?

WM Einmal.

SM Und wieviele Jahre?

WM Ein ... äh ...

SM Jahr?

WM Nein ...

SM Monat?

WM Nein ...

SM Woche?

WM Eine Stunde.

SM So kurz?

WM Man hat mich verhaftet.

SM Und warum?

WM Weil es bei euch keine demokratischen Freiheiten gibt. Und wie steht's mit Ihnen, Kollege, waren Sie schon im Westen?

SM Und ob.

WM Und wie oft?

SM Einmal.

WM Da sehen Sie's, auch bloß einmal! Und wie lange?

SM Zwanzig Jahre.

WM So lange?

SM Man wollte mich um keinen Preis der Welt verhaften.

WM Und warum haben Sie dann trotzdem den Westen verlassen?

SM Ich bin – wie du – auf frischer Tat ertappt worden.

WM Auf welcher denn, wenn man fragen darf?

SM Man darf. Schließlich haben sämtliche Zeitungen bei euch darüber berichtet.

WM Wir lesen unsere Zeitungen nicht.

SM Ich hab versucht, ein Militärflugzeug neuesten Typs per Post nach Moskau zu schicken. Eure Presse hat meine Ausweisung im übrigen als widergesetzlich bezeichnet.

WM Wie das?!

SM Das Flugzeug war noch nicht ins Rüstungsprogramm aufgenommen. Eure Regierung hat sich dann bei mir entschuldigt.

WM Da sehen Sie, was für Vorzüge die westliche Demokratie hat!

SM Für uns – schon. Und wofür hast du einen aufgebrummt gekriegt, wenn man fragen darf?

WM Man darf. Aber eure sowjetischen Zeitungen haben doch alle bis ins Kleinste darüber berichtet!

SM Wir lesen unsere Zeitungen nicht.

WM Mich haben sie bei einer echten Lappalie erwischt. Irgendsoein Intellektueller wollte einen Artikel von sich bei uns im Westen rausbringen und hat ihn mir gegeben. Obgleich der Artikel die Übersetzung eines im Westen erschienenen Artikels war, hat sich eure Regierung nicht bei mir entschuldigt.

SM Warum sollte sie sich entschuldigen? Ist doch völlig rechtens, daß du verhaftet worden bist. – Warum bist du auf freiem Fuß und nicht in Sibirien?

WM Ich bin gegen einen Sowjetagenten ausgetauscht worden. – Und wie kommt es, daß Sie frei sind?

SM Ich bin gegen einen Westagenten ausgetauscht worden.

WM Muß zugeben, diese Art des Kulturaustauschs zwischen Ost und West dürfte durchaus Zukunft haben.

EIN FALKE Ich muß mal!

Die Apparatschiks kommen gelaufen, nehmen den Falken ab und tragen ihn hinaus. Andere Apparatschiks kommen, hängen eine Taube an des Falken Stelle und laufen hinaus, um den Falken wieder zurückzubringen, die Taube wieder abzunehmen und den Falken schließlich an seinen alten Platz zu hängen.

FALKEN Empörend! Du brauchst nur eine Minute aufs Klo zu gehen, und schon machen sich alle möglichen Karrieristen auf deinem Platz breit! Wann werden unsere Wissenschaftler endlich Klosetts für uns erfinden, die es uns ermöglichen, auf Sitzungen und Paraden wenigstens unsere vierundzwanzig Stunden sitzen- beziehungsweise stehenzubleiben, ohne daß wir gleich riskieren, unseren Posten zu verlieren?!

Beifallsgemurmel. Rufe wie »Höchste Zeit!«, »Hängen sollte man sie, diese Faulpelze!«, »Wo hat der KGB *bloß seine Augen?«.*
Gensek wird wieder hereingebracht und an seinen Haken gehängt und die Rede vor ihm aufgerollt.

GENSEK ... indes finden sich in der Arbeit des Westens noch ernsthafte Mängel. Der Westen hat das Wachstumstempo – die Anzahl unserer Leute in den westlichen Regierungen, Militärstäben, Banken und Firmen – eindeutig nicht eingehalten, ja gebremst. Der 5-Jahres-Plan betreffend die Lieferungen von Lebensmitteln und Computern des Westens an unser Land wird wohl nicht erfüllt werden können. Es ist Zeit, die westlichen Leistungsmängel beim Namen zu nennen und zu korrigieren: Der Westen hat sich nach Kräften zu bemühen, die Sowjetunion ihren Bedürfnissen entsprechend zufriedenzustellen, wie es uns die Lehrer des Weltproletariats, Marx und Engels gelehrt haben! Meinungsäußerungen hierzu?

STIMME 1 Den westlichen Präsidenten abknallen!

STIMME 2 Wir schicken ihnen ein U-Boot!

STIMME 3 Wir holen noch zwei Flugzeuge von denen runter!

STIMME 4 Wir organisieren bei denen eine halbjährige Demonstration und anschließend einen halbjährigen Streik!

STIMME 5 Wir machen unsere Gasleitungen nach dem Westen dicht, dann gucken die in die Röhre. Ha-ha-ha.

STIMME 6 Knopf drücken!

STIMME 7 Und wer soll uns dann ernähren?

STIMME 8 Deren Regierung in kommunistische Hand!

STIMME 9 Dann haben wir die bloß am Halse, müssen sie füttern und kleiden! Und kaum sind wir an der Macht, hören die auf zu spuren!

STIMME 10 Für uns ist ein schwacher Kapitalismus im Westen besser als ein starker Kommunismus.

STIMME 11 Höchste Zeit, die alte westliche Parole »Lieber rot als tot« durch die neue »Lieber schwacher Kapitalismus als starker Kommunismus« zu ersetzen.

STIMME 12 Unser Spionagedienst im Westen meint, wir hätten im Westen lange genug bloß mit dem Finger gedroht – er würde seine Mängel schon selber beheben.

STIMME 13 Genossen! Im Westen sind sie doch keine politischen Analphabeten. Man muß sie bloß geduldig erziehen. Der Westen soll nur weiter freiwillig tun, was er täte, wenn wir ihn dazu zwängen.

STIMME 14 Mit dem Finger drohen – daß ich nicht lache! Die Faust muß man denen zeigen!

STIMME 15 Dann machen die sich in die Hosen und organisieren bei sich im Westen einen Osten, der östlicher ist als östlich.

STIMME 16 Das ist gefährlich! Das ist prochinesisch! Lieber soll es beim prosowjetischen Westen bleiben, als daß sich ein prochinesischer Osten breitmacht.

Während der ganzen Diskussion hat Gensek geschlafen und geschnarcht. Seine Assistenten geben ihm eine Spritze: Gensek zuckt zusammen, erwacht.

GENSEK Ich muß mal ...

Die Assistenten flüstern ihm etwas ins Ohr.

GENSEK Wir stimmen also über den Antrag ab. Keine Einwände? – Also einstimmig angenommen. – Was angenommen?

Die Assistenten nehmen Gensek ab, zerlegen ihn in Stükke, rollen seine Rede zusammen und tragen ihn weg. Unterwegs fallen einige Stücke von Gensek auf den Boden. Funktionäre des ZK-*Apparates kommen gelaufen und nehmen die Regierungsvertreter ab. Der Vorhang fällt. Über die Bühne fahren Regierungswagen mit sowjetischen Regierungsvertretern. Von links läuft ein Westagent auf die Bühne und zählt die Wagen.*

WM Das ist unser James Bond, ein Spionage-As. Den wird der KGB nie und nimmer entlarven.

SM Warum nicht? Meinetwegen soll er die Wagen zählen. Sitzen sowieso bloß Attrappen drin. Diesen westlichen James Bonds haben wir einiges Kopfzerbrechen verursacht! Haben an einem Morgen fünf Breschnews und drei Gromykos in den Kreml reingelassen und am Abend nur drei Breschnews, dafür aber fünf Gromykos aus dem Kreml rauskommen lassen. Könnt euch vorstellen, was für Gesichter diese James Bonds gemacht haben!

WM Anfangs haben wir uns in der Tat ins Bockshorn jagen lassen. Aber dann haben wir das Problem glänzend gelöst: haben rausgefunden, daß der eine der fehlenden Breschnews zu der Zeit gerade auf der Krim in Urlaub war, während der andere friedlich neben Lenin im Mausoleum schlief. Drei plus zwei macht fünf. Was die Gromykos anbelangt: einer von den beiden, die zu viel waren, war gerade aus Genf zurückgekehrt, und der andere war auf der Toilette. Fünf minus zwei macht drei. Stimmt alles, mathematisch einwandfrei.

SM Gemäß unserem Kulturabkommen werden wir, lieber Kollege, dem Westen vorschlagen, die Multiplizierungsgewohnheiten unserer Regierungsvertreter zu übernehmen. Damit können sich eure Regierungschefs von heut auf morgen an sämtlichen wichtigen Punkten unseres Planeten gleichzeitig aufhalten. Es erleichtert die Wahlkampagnen und erschwert die Arbeit der Terroristen.

WM Lieber Kollege, Sie mißverstehen das Wesen der westlichen Demokratie. Wenn wir die hervorragenden Vertreter unserer Regierungen um ein Mehrfaches kopieren, werden unsere Terroristen in Streik gehen. Woraus machen Sie übrigens die Kopien Ihrer Regierungschefs?

SM Wir nehmen ihre Reden, zwingen die Apparatschiks, sie sorgfältig zu zerkauen, und aus der Masse, die dabei herauskommt, kleistern wir die Kopien unserer Regierungschefs zusammen. Was solchermaßen zustande kommt, unterscheidet sich in nichts vom jeweiligen Original.

WM Höchste Zeit, Kollege, daß wir uns in Richtung Westen auf den Weg machen.

SM Ich habe aber kein Visum.

WM Das Problem haben wir doch längst gelöst!

SM Ich rede nicht vom Visum für den Westen, sondern von unserem – von der Ausreisegenehmigung.

WM Was soll es da für Probleme geben?!

SM Ein Genosse hat mich »oben« angeschwärzt.

WM Und warum?

SM Um zu verhindern, daß ich in den Westen reisen kann und um anstatt meiner zu gehen. Für einen Sowjetmenschen ist eine Reise in den Westen immer etwas Außerordentliches. Erstens sieht er die Welt. Zweitens bringt er eine Menge wertvoller Sachen mit nach Hause, die er zum Teil weiterverkaufen und sich so einiges hinzuverdienen kann. Was aber die Hauptsache ist: Hast du erst mal die Reiseerlaubnis, heißt das, daß dir die Obrigkeit vertraut und du mit Sicherheit die Dienstleiter raufklettern wirst.

WM Und weswegen wurden Sie denunziert?

SM Der westliche Geheimdienst soll mir das Flugzeug, das ich nach Moskau verfrachtet habe, untergeschoben haben, und zwar mit dem Ziel und in der Absicht, eine Fehlinformation zu verbreiten.

WM Ich will Ihnen, Kollege, in aller Freundschaft gestehen: die Maschine war schon längst veraltet. Wir haben inzwischen Flugzeuge, die geschlagene drei Kilometer schneller sind!!

Von rechts kommt ein KGB-*Offizier auf die Bühne, reicht dem* SM *einen roten Paß und geht wieder ab.*

SM Alles in Ordnung, Kollege! Habe nämlich doch das schnellere Flugzeug geklaut. Also dann, auf in den Westen!

Der SM *geht nach links ab. Der* WM *macht Anstalten, ihm zu folgen. Aber von rechts kommt ein sowjetischer Intellektueller mit Bart und steckt dem* WM *ein Manuskript zu. Hinter dem Intellektuellen ein Rudel* KGB-*Leute, schnappt beide und führt sie nach rechts ab. Zwei westliche Beamte von links führen einen Trupp Sowjetagenten mit Koffern und Handtaschen voller Westware auf die Bühne. Von rechts bringen* KGB-*Offiziere und Soldaten mit Maschinengewehren den* WM *auf die Bühne – in Handschellen. Ein Auge ist blau. Die Sowjetagenten gehen nach rechts ab. Dem* WM *werden die Handschellen abgenommen, Jeans und Jacke vom Leibe gerissen und der Kaugummi aus dem Mund gestochert. Er kriegt eins mit dem Knie in den Hintern versetzt, so daß er im wahrsten Sinne des Wortes in den Westen fliegt. Springt auf und läuft nach links ab. Einige Zeit später erscheinen der* WM *(wieder angekleidet) und der* SM *wieder auf der Bühne.*

ZWEITER AKT
Unser Mann im Westen

Der Vorhang geht auf. Folgendes Bild: links der Westen (Eiffelturm, Freiheitsstatue, Wolkenkratzer, Schaufenster, Reklamen usw.) Rechts Betonmauer mit Stacheldraht. Hinter der Mauer ragen Raketen hervor. Die Silhouette des Kremls ist zu sehen. In der Mauer eine Tür mit der Aufschrift UNBEFUGTEN BETRETEN VERBOTEN. *Vor der Mauer eine Gruppe Westler mit der Losung* LIEBER ROT ALS TOT *auf einem Spruchband. Die Gruppe eine Zeichnung auf einem Sperrholzbrett, der Rest auf Leinwand. In der Mitte der Bühne ein Gebäude, das so aussieht:*

Sämtliche Räume sind zum Zuschauer hin offen. In Raum 1 ist das Institut für Westologie untergebracht, das sowjetische Spionagezentrum also. In Raum 3 befindet sich das Institut für Kremlologie, das ist das Amt für den Kampf gegen Sowjetspionage im Westen. Der Eingang in die Räume 1 und 3 führt durch Raum 2. In Raum 1 ein Tisch, Stühle, an der Wand die Porträts von Marx, Lenin und Gensek, auf dem Tisch Telefone. Links vom Tisch eine riesige Flasche Wodka mit Zapfhahn. In Raum 3 ein Tisch, Stühle, Telefone. Auf die Wand gezeichnet Menschen, mit irgendeiner technischen Apparatur beschäftigt. Rechts vom Tisch eine riesige Flasche Coca-Cola, ebenfalls mit Zapfhahn. Die Personen, die während der Handlung die Räume 1 und 3 betreten, treten von Zeit zu Zeit mit Gläsern in der Hand an die Flaschen heran, um sich Wodka bzw. Coca-Cola zu zapfen. In Raum 1 an der Wand oben die Losung WIR ERFÜLLEN DEN 5-JAHRES-PLAN FÜR SPIONAGE IN ZWEI MONATEN, *in Raum 3 die Losung* KEIN GEHEIMNIS IM WESTEN, DAS NICHT IN MOSKAU AN DEN TAG KÄME. *In Raum 4 befindet sich das Hotel ›Gulag‹. Darin ein Bett. Auf dem Bett eine Bettdecke. Unter dem Bett leere Flaschen. Das Bett muß so beschaffen sein, daß viele Leute hineinkriechen können, d. h. sie müssen durch das Bett hinein- und hinausgehen können. An der Wand Bilder mit nackten Frauen in erotischen Stellungen. Rechts in der Ecke ein Fernsehgerät. Links die Tür. Raum 5 ist eine Bank. Vor der Bank die Szene eines Banküberfalls: Auf dem Trottoir liegt ein Kassierer – erschossen. Ein Hund pinkelt auf die Leiche. Die Bankräuber stehen daneben, maskiert und mit Maschinenpistolen. Die ganze Szene ist eine Laubsägearbeit und steht vor der Fassade des Gebäudes. In der Bank die Figuren der Angestellten mit erhobenen Armen, Geldpakete, Bankräuber mit Geldpaketen und eine Tür, durch die die Personen in die Räume 1 und 3 hinein- und hinausgehen. Raum 6 ist das Café ›Lubjanka‹ mit Tisch und Stühlen. Auf dem Tisch eine Tafel mit der Aufschrift* RESERVIERT FÜR SOWJETAGENTEN. *An der Wand die Darstellung eines westlichen Cafés. Eine Tür.*

WM Verehrte Zuschauer! Wir befinden uns im Westen. Rechts sehen Sie eine Betonmauer. Das ist die Grenze, die den Westen von der Sowjetunion trennt. Vor sich haben Sie ein Gebäude, das viele wichtige Institutionen beherbergt. Hier befindet sich das Institut für Kremlologie …

SM … von hier aus wird der Kampf gegen unsere Spionageagentur im Westen geführt. Und hier, verehrte Zuschauer, das Institut für Westologie …

WM … das Zentrum der Sowjetagentur im Westen. Hier die Abteilung ›Gulag‹, sie dient …

SM … den Mitarbeitern des Instituts für Westologie.

WM Unter dem Institut für Kremlologie sehen Sie das Café ›Lubjanka‹, es dient …

SM … den Mitarbeitern des Instituts für Westologie.

WM Im Zentrum des Gebäudes sehen Sie das Symbol der westlichen Demokratie: eine Bank.

SM Sie wird gerade überfallen. Das ist Demokratie in Aktion. Jeder Bürger hat das Recht, Banken zu überfallen.

WM Wir wollen nicht stören, Kollege. Sonst kommen wir dafür noch vor Gericht.

In Raum 4 bewegt sich die Bettdecke auf dem Bett. Zigarettenqualm kriecht unter ihr hervor, dann eine Frau: eine alte, lange hagere Schlampe in Jeans, die eine Zigarette raucht.

WM Das ist die Wirtin des Hotels ›Gulag‹. Eine charmante Dame.

Nach der ›Gulag‹-Wirtin kriecht ein männliches Wesen in Jeans und zerlumpter Jacke aus dem Bett, das Gesicht verdeckt von seiner Haarmähne, krankhaft aufgeschwemmt, mit blauer Nase und ebenfalls einer Zigarette im Mund.

SM Das ist einer unserer Agenten. Sein Deckname: Wanka. Im Vergleich zu ihm ist James Bond ein trauriger Dilettant. Irgendwann einmal hat Wanka die Sowjetparole LIEBER ROT ALS TOT in den Westen hinübergeschleust. Unterwegs hat er dabei einen über den Durst getrunken (welcher Russe tut das nicht?) und die Parole verloren. Die Sache hätte übel ausgehen können, da der Kreml über keine andere Parole verfügte, aber zum

Glück wurde die Parole von westlichen progressiven Kräften gefunden und in ihr Programm aufgenommen. Dort sehen Sie diese progressiven Kräfte in Aktion. – Nachdem Wanka seinen Auftrag für den Kreml ausgeführt hatte, blieb er im Westen: er wählte die Freiheit.

Wanka sitzt auf dem Bett und raucht. Er langt nach den leeren Flaschen unter dem Bett und versucht, ihnen noch verbliebene Tropfen zu entlocken. Er wirft die Flaschen unter das Bett zurück. Die ›Gulag‹-Wirtin macht sich derweil zurecht.

WANKA *(indem er sich nach ihr umschaut)* Bon!

WIRTIN Hast ja keine blasse Ahnung, mein Lieber. Ihr Russen mögt uns zwar in Sachen Atombomben überholt haben, aber in Sachen Sexbomben seid ihr hoffnungslos zurückgeblieben. Vom gegenwärtigen Standpunkt aus betrachtet bin ich eine Top-Sexbombe. Wenn ich wollte, könnte ich Miß West werden. Und du, was bist du eigentlich?

WANKA KGB-Major.

WIRTIN Gestern abend warst du noch Leutnant.

WANKA Bin über Nacht befördert worden. Aber meine Wohnverhältnisse sind auf dem Stand eines gemeinen Soldaten stehengeblieben.

WIRTIN War das denn in Rußland besser?

WANKA Und ob! Da hatte ich eine Wohnung mit separater Toilette.

WIRTIN Und wo hast du gewohnt? In Moskau – wie alle?

WANKA Na, wo schon?! Mitten in Moskau.

WIRTIN In der ›Lubjanka‹ – wie alle?

WANKA In der ›Lubjanka‹ habe ich gearbeitet, gewohnt habe ich im Kreml. In der Zarenglocke.

WIRTIN Was ist das, die Zarenglocke?

WANKA Wie unbedarft ihr hier seid! Wir – wir wissen alles über euren Westen, und ihr habt keinen blassen Schimmer von uns.

WIRTIN Im Mausoleum hast du nicht zufällig gewohnt?

WANKA Hätte ich gekonnt, war aber schon besetzt.

WIRTIN Warum bist du dann hiergeblieben, wo du dort eine Wohnung im Kreml hattest und dazu noch den Rang eines Majors?

WANKA Nicht eines Majors – eines Obersten. Hiergeblieben bin ich, weil wir bei uns keine demokratischen Freiheiten haben. Außerdem ist es mit dem Essen mies. Und mit dem Sex steht es auch nicht gerade toll.

WIRTIN Gibt es bei euch überhaupt so was wie Sex?

WANKA Und ob! Wer macht denn bei uns die Kinder? Doch nicht Herr Reagan. Auch nicht Herr Strauß. Und auch nicht die »Eiserne Lady«. Die machen wir selber.

WIRTIN Kindermachen hat nichts mit Sex zu tun. Sex ist eine Gefahr für die Demokratie. – Und wer sind deine Eltern?

WANKA Mein Vater, das ist Felix Dserschinskij und Lawrentij Berija, und meine Mutter, das ist – die Partei.

WIRTIN Zwei Väter?
WANKA Nacheinander.

Wanka steht auf, dreht seine Taschen um: nichts als Löcher.

WANKA Leer! ... Leih mir was bis zum Zahltag!
WIRTIN Das geht nun schon das zweite Jahr so, deine Bettelei »bis zum Zahltag«, bloß kommt der Zahltag nie ...
WANKA Und ich – ich kann dich nun schon das zweite Jahr nicht mal um eine Flasche Bier bitten. Was ihr im Westen doch alle für Geizhälse seid! Unsere russischen Weiber hätten jederzeit ein »Trösterchen« für den Katzenjammer parat.

Die ›Gulag‹-Wirtin geht durch die Tür hinter der Bühne ab. Wanka dreht den Fernseher an.

STIMME DES ANSAGERS Nach Angaben des Instituts für Homosexualität werden gegen Ende des Jahrhunderts 99% der westlichen Bevölkerung homosexuell sein – die mächtigste Alternative zum Weltkommunismus.
WANKA Ewig dieser Sex. Man möchte wahnsinnig werden!

Wanka wählt ein anderes Programm.

ANSAGER Strumpfhosen Marke »Eiserne Lady« verdekken die Mängel Ihrer Haut und Ihrer Figur und eignen sich ganz besonders für Gangster. Sie beeinträchtigen die Sehfähigkeit in keiner Weise, behindern die Atmung nicht, vermögen aber die Gesichtszüge dermaßen zu entstellen, daß der Gangster sich selbst nicht wiedererkennt. Dieser Herr, der regelmäßig Banken überfällt, hat sich zu einem kurzen Interview vor Ort bereit erklärt – welche Strumpfhosen tragen Sie bei Ihrer Arbeit?

GANGSTER Marke »Eiserne Lady« natürlich.

ANSAGER »Eiserne Lady«: in allen Filialen der Firma Mafia.

Wanka schaltet den Apparat aus, geht auf die Straße hinaus und sieht sich den Banküberfall auf der Bühne an.

WANKA Da haben wir sie, ihre geliebte Demokratie. Du kannst sagen, was du willst, gehen, wohin du willst, aber was man für diese Freiheit braucht, ist Geld. Bloß: woher nehmen?

WM Wanka ist im Augenblick arbeitslos. Inzwischen gibt es im Westen so viele Sowjetagenten, daß sich der Westen nicht mehr in der Lage sieht, allen eine ihrer Ausbildung entsprechende Arbeit zu vermitteln. Wanka erhält deshalb Arbeitslosenunterstützung.

SM Und das sind Pfennige, die nicht mal reichen, sich einen hinter die Binde zu kippen – vom Essen ganz zu schweigen. Nach sowjetischem Gesetz würde Wanka als Schmarotzer verdonnert und nach Sibirien geschickt. Aber was soll man mit Sowjetspionen in Sibirien? Unlängst ist man auf die Idee gekommen, ihn als westlichen Spion nach Sibirien zu schicken. Nur sind die sowjetischen Spiondiplome im Westen vorläufig noch nicht anerkannt.

WM Um Rang und Titel eines Westspions verliehen zu bekommen, muß man ein Examen ablegen. Und Wanka hat vom ewigen Saufen sogar das Alphabet und die Zahlen vergessen. Von Zeit zu Zeit verdient er sich ein bißchen was dazu. Gestern abend zum Beispiel hat unser sowjetischer »James Bond« unseren Gewerkschaftsbossen geholfen, dem Streik der Gynäkologen und Hafenarbeiter ein Ende zu setzen.

Wanka ist zu dem erschossenen Kassierer getreten und berührt ihn leicht.

WANKA Noch warm. *Zu einem der Bankräuber gewandt:* Warum machst du Banküberfälle, aus Eigennutz oder dem Fortschritt zuliebe? Du schweigst? Hast völlig recht. Ich bin Sowjetagent. Wenn du Hilfe brauchst, jederzeit. Kannst du mir vielleicht ein bißchen was pumpen? Bis zum Zahltag? Nein? Was für Geizhälse ihr doch hier alle seid!

Auf die Bühne kommt eine kleine, rundliche Frau mit ausgeprägten Körperformen. Sie hat Eimer, Lappen und Schrubber in der Hand.

WM Das ist die Putzfrau Mascha – Ortsproletariat. Sie ist für das ganze Gebäude zuständig. Obgleich der Westen im Augenblick fünf Millionen Arbeitslose hat, gibt es nicht genug Putzfrauen – niemand hat Lust, die Dreckarbeit zu machen.

SM Mascha könnte sich auf andere Art viel leichter ihr Geld verdienen – sehen Sie, was die für Formen hat?! Aber Moskau hat sie ausgerechnet hier eingesetzt – im Interesse der Sache.

WANKA Grüß dich, Maschka!

MASCHA Gruß den Werktätigen an der Arbeitsfront! Frag mich bloß nicht nach Geld, habe selber keins. Sind schließlich nicht in Moskau, sondern im Westen. Good bye!

Die Putzfrau Mascha geht ins Café und beginnt zu putzen. Sie brummelt griesgrämig vor sich hin:

MASCHA Haben mir gerade noch gefehlt, diese Sowjetagenten! Spucken, wohin es ihnen gerade paßt. Schmeißen ihre Zigarettenstummel einfach auf den Boden. Ziehen nicht, wenn sie auf dem Klo gewesen sind. Mein Gott, Mascha, wie dämlich du bist! Könntest jetzt schön in deiner Einzimmerwohnung in Moskau sitzen und »arbeiten« gehen, ein bißchen rumquatschen mit Bummelanten, wie du einer gewesen bist und deine sicheren zwei Hunderter pro Monat einstekken. Was will man mehr! Aber du wolltest ja unbedingt ins Ausland! Paris sehen! Dich mit Gott weiß was für Plunder eindecken. Mußtest unbedingt mit Westhosen protzen. Und wozu – diese Westhosen? Den Männern ist sowieso völlig egal, was du für Hosen anhast. Als wenn es um die Hosen ginge! Diese Westweiber, die haben ihre Hosen ganz schön nötig, denn ohne die würde sich nicht mal im Suff ein auch nur halbwegs passables Mannsbild nach denen umdrehen.

Mascha geht vom Café ins Hotel hinüber. Hier trifft sie auf die ›Gulag‹-Wirtin.

WIRTIN Kannst du nicht gründlicher reinemachen – sonst muß ich dich entlassen.

MASCHA Was heißt hier entlassen! Ich bin in der Gewerkschaft! Ich trete in Streik, da kannst du mal die Macht des Weltproletariats kennenlernen.

Die ›Gulag‹-Wirtin geht ab. Mascha putzt.

MASCHA Als die mich damals in Moskau überredet haben, hierher zu gehen, haben sie versprochen, ich würde solchen Erfolg haben, Brigitte Bardot und Marilyn Monroe würden vor Neid erblassen. Der KGB-Chef persönlich hat gesagt, ich würde hier nicht bloß eine Sexbombe, eine Wasserstoffsexbombe würde ich hier abgeben. Bei deinen Formen – hat er gesagt – wird der ganze Westen vom gemeinen Soldaten bis hinauf zum Präsidenten bei dir Schlange stehen. Von wegen »Schlange stehen«, da kannst du lange warten! Hier sind solche knochigen Latten wie die ›Gulag‹-Wirtin in Mode.

Auf die Bühne kommt (aus dem Westen) ein grauhaariger, amerikanisch gekleideter, großer Mann, eine Zigarette im Mundwinkel. Hinter ihm kommen noch zwei ebenso gekleidete Männer. Sie steigen über die Leiche des Kassierers und gehen durch die Bank ins Institut für Kremlologie. Wanka setzt sich hinter ihnen her in Bewegung.

WM Das ist der Direktor des Instituts für Kremlologie und Chef des westlichen Dienstes für den Kampf gegen die Sowjetagentur. In seinem Gefolge sehen Sie den gesamten Personalbestand seiner Dienstbehörde. Nicht gerade zahlreich? . . . Da ist nichts zu machen: das ist Demokratie. Der Direktor hat noch einen Mitarbeiter beantragt – mit der Begründung, die Zahl der Sowjetagenten sei um das Hundertfache angestiegen. Der Kongreß hat ihm aber eine Abfuhr erteilt. Mehr noch, im Augenblick wird die Frage diskutiert, ob man nicht einen Mitarbeiter einsparen könnte, da der Westen das Geld für eine neue Anleihe an die Sowjetunion braucht.

Auf die Bühne kommt eine Horde kleiner, einheitlich gekleideter Kinder. Sie rennen in die Bank hinein, springen dabei über den Leichnam des Kassierers und verschwinden anschließend hinter der Bühne.

SM Das sind, wie Sie sich selbst denken können, unsere Kinder. Und das hier, das ist der Chef unseres Nachrichtenzentrums im Westen. Er wird hier respektvoll »der Boß« genannt.

Auf der Bühne erscheint ein kleiner, dicker Mann mit rosigem Gesicht. Er geht ins Institut für Westologie. Wie alle steigt auch er über den Leichnam des Kassierers. Er klopft dem Bankräuber auf die Schulter.

WM Nun sind also sämtliche handelnden Personen an ihren Plätzen. Der Arbeitstag kann beginnen.

Im Institut für Kremlologie bringen die Assistenten des Direktors so etwas wie einen Röntgenapparat ins Zimmer. Darauf schleppen sie ein Männchen mit tatarisch-mongolischen Gesichtszügen herein und zwängen ihn in den Apparat. Der Direktor beginnt das Innere des Männchens durch den Apparat zu betrachten.

WM Der Herr Direktor erforscht den Sowjetmenschen vermittels der allerneuesten technischen Kenntnisse. Er ist auf der Suche nach der geheimnisvollen russischen Seele.

DIREKTOR Die geheimnisvolle russische Seele, wo sie nur ist? Das Herz sehe ich. Die Gedärme sehe ich. Aber wo ist die Seele? Nichts! Nächster bitte!

Wanka kommt herein.

DIREKTOR Ah, Herr Oberst! Wie geht's?

WANKA Schlecht.

DIREKTOR Ihr Russen müßt euch immer über irgendwas beklagen.

WANKA Über das Sowjetregime zum Beispiel? Aber du verkündest doch selber ständig und überall, wir Russen seien mit unserem Regime unzufrieden.

DIREKTOR Stimmt, das Regime taugt nichts. Es muß gestürzt werden. Aber zu diesem Zweck muß man die russische Seele kennen, der es entspringt. Wir haben deshalb hier nach allerneuesten Methoden Tausende von Russen untersucht...

WANKA Unter diesen »Russen« waren, wenn es hochkommt, ein, zwei wirkliche Russen... Da hast du dich aber schön verrechnet.

DIREKTOR Was sollen das sonst gewesen sein?

WANKA Ukrainer, Armenier, Tataren...

DIREKTOR Sind trotzdem Russen.

WANKA Was soll's. Wenn du die geheimnisvolle russische Seele kennenlernen willst und in den Gedärmen eines Tataren rumwühlst, bitte!

DIREKTOR Und Sie – Sie haben eine Seele?

WANKA Eine Seele schon, aber nichts dahinter.

DIREKTOR Da wollen wir doch gleich mal nachsehen!

Die Assistenten packen Wanka, stecken ihn in den Apparat. Auf dem Bildschirm wird eine Flasche sichtbar.

SM Während der Herr Direktor Wankas Seele untersucht, wollen wir mal sehen, womit unsere sowjetischen Genossen beschäftigt sind.

Der Boß geht geradewegs zur Wodkaflasche. Er sucht ein Glas, findet aber keins und trinkt direkt vom Zapfhahn. Er räuspert sich. Setzt sich an den Tisch. Greift nach dem Telefonhörer.

BOSS Hallo, bitte eine Zeitung.

STIMME Eine Zeitung. Welche wünschen Sie?

BOSS Irgendeine.

STIMME Ich höre.

BOSS Ich möchte eine Annonce aufgeben.

STIMME Welchen Inhalts?

BOSS Betreffend die Anwerbung neuer Spione für das sowjetische Spionagenetz.

STIMME Oh, mit Vergnügen. Im übrigen ist das kostenlos.

BOSS Kostenlos kommt gar nicht in Frage. Zahlen Sie uns zehntausend.

STIMME Geht in Ordnung. Diktieren Sie!...

BOSS Das sowjetische Spionagezentrum gibt hiermit die Einstellung von Zusatzkräften für seine Agentur bekannt. Genommen werden Minister, Generäle, Journalisten, Wissenschaftler und Vertreter anderer wichtiger Berufszweige, soweit sie in irgendwelcher Hinsicht Geheimnisträger sind.

STIMME In Ordnung! Erscheint auf der ersten Seite der Abendausgabe. In welcher Form wünschen Sie das Honorar überwiesen?

BOSS In Form von Jeans, Lederjacken, Computern, Pelzen, Kaugummi und Kaffee.

STIMME Geht umgehend an Sie ab!

Hinter der Bühne Poltern und Schreie. Jemand will zum Boß. Man läßt ihn nicht vor.

STIMME VON HINTER DER BÜHNE Ich bin der Präsident!

STIMME DER WACHE Wohin so eilig! Habe dir doch russisch und deutlich gesagt: der Boß ist beschäftigt.

BOSS Wer ist da?

STIMME DER WACHE Irgendsoein Präsident.

BOSS Taschen kontrollieren und fragen, worum es geht.

PRÄSIDENT Um die Wahlen!

BOSS Wahlen gibt es überall.

PRÄSIDENT Aber man will mich nicht wiederwählen!

BOSS Mich auch nicht.

PRÄSIDENT Aber dann wird euch der Geldhahn zugedreht!

BOSS Wie-ie-ie bi-tt-ee???!!! Wer hat sich unterstanden!?

PRÄSIDENT Der linke Block zusammen mit dem rechten und der Unterstützung der Gewerkschaften.

BOSS Iwanow!

Eine Horde Iwanows kommt auf die Bühne.

BOSS Die Führer sämtlicher Gruppen, Parteien, Fraktionen, Gewerkschaften und Gangsterbanden seien gewarnt: keinerlei Eigenmächtigkeiten!

Die Iwanows laufen davon.

BOSS *schreit den Präsidenten an* Kannst gehen! Neuwahlen! Aber wehe, du hältst nicht Wort! ...

PRÄSIDENT Wie denn nicht! Bin schließlich kein sowjetischer Politiker! Bin ein westlicher Politiker! Was ich verspreche, das ...

BOSS *lachend* ... halte ich nie! Ha-ha-ha!

PRÄSIDENT Wir Politiker im Westen halten nur die Versprechen, die wir dem Volk machen, nicht. Aber die Versprechungen, die wir dem »Kreml« machen, halten wir immer.

BOSS Geh nur, geh! Habe doch bloß Spaß gemacht.

Der Boß trinkt wieder Wodka, legt sich auf den Tisch und schläft ein. Aus der Tür rechts kommt ein Mann. Er hat ein großes Glas mit der Aufschrift GENSEK-URIN *in der Hand.*

WM Das ist unser wahrer James Bond. Er hat im »Kreml« den seit zwanzig Jahren gesammelten Urin von Gensek persönlich entwendet. Nun also werden unsere Kremlologen endlich eine präzise Diagnose des gegenwärtigen Zustandes der Sowjetgesellschaft stellen können.

James Bond begibt sich in das Institut für Kremlologie und übergibt dem Direktor das Glas.

DIREKTOR *entzückt* Gratuliere zum Erfolg, James! Eine Million wird auf dein Bankkonto überwiesen werden. Und das hier *(gibt James einige Päckchen Geld)* für deine Spesen in Moskau. Viel Erfolg!

Der Direktor vertieft sich in das Studium des Glasinhalts. Bond geht in die Bank.

BOND Wozu brauche ich in Moskau Geld! Von den Intellektuellen kriege ich sowieso alles umsonst. Und militärische Geheimnisse gibt es nicht. Bleiben also ein paar Ausgaben für Wodka, Weiber und Ikonen. Der Rest kommt aufs Konto. Noch ein paar Jährchen, und ich bin Supermillionär!! Mache einen Nachtclub auf. Mische mich unter die Drogensüchtigen. So kommt man wenigstens an den Präsidenten ran.

Bond verläßt die Bank und geht durch die Tür rechts. Die weitere Handlung spielt im Institut für Westologie: Das Telefon klingelt. Der Boß wird wach und nimmt den Hörer ab. Der Direktor schleicht sich ins Institut für Westologie und hört sich heimlich das Gespräch des Bosses mit an:

BOSS Am Apparat. Wer ist da? Bankier, bist du das? Hör, mein Lieber, brauchst dich doch nicht zu verstellen! In Moskau warst du? – Ja. – Hast Kaviar gegessen? – Hab' ich. – Im Mausoleum gewesen? – Stimmt. – Blumen am Grab des Unbekannten Soldaten niedergelegt? – Jawohl. – Wie also kannst du dann noch behaupten, du wärst kein Agent von uns?!

Der Boß legt auf. Das Telefon klingelt erneut. Der Boß nimmt den Hörer ab.

BOSS Am Apparat. Wer ist da? General, bist du das? Ich frage dich zum letzten Mal: Willst du für uns arbeiten oder nicht? Wenn nicht, werden wir der Presse Material zuspielen, aus dem hervorgeht, daß du schon seit zwanzig Jahren für uns arbeitest.

Der Boß legt sich wieder auf den Tisch und schläft ein. Auf der Bühne erscheint eine Gruppe japanischer Touristen. Alle mit Fotoapparat und Notizbuch bewaffnet.

REISELEITER Wir befinden uns im Zentrum des sowjetischen Nachrichtendienstes sowie des westlichen Abwehrdienstes, dessen Aufgabe es ist, gegen den sowjetischen Nachrichtendienst zu kämpfen. Sie leben friedlich nebeneinander, und zwar unter beiderseits gewinnbringenden Bedingungen: Der sowjetische Nachrichtendienst hilft dem westlichen Abwehrdienst, geheime Nachrichten für die Sowjetunion zu sammeln, während der westliche Abwehrdienst dem sowjetischen Nachrichtendienst dabei behilflich ist, sie in die Sowjetunion hinüberzuschleusen. Diese Zusammenarbeit ist ein hoffnungsvolles Unterpfand für den Frieden in der Welt.

Die Japaner fotografieren eifrig, machen sich Notizen in ihre Notizbücher und gehen ab. Hinter der Bühne hört man Schreie, das Zersplittern von Glas, Explodieren von Bomben und Schießen. Dazu Schreie wie: »Ami, go home!«, »Raus aus dem Westen!«, »Freiheit dem Terrorismus!«, »Nieder mit der Schule!«, »Nieder mit den Lehrern!«, »Nieder mit den Eltern!«

WM Das sind Schüler der unteren Klassen und Kinder im Vorschulalter. Sie demonstrieren.

Eine Horde Kinder kommt auf die Bühne gerannt – mit langen Haaren und Bärten und halbnackt. Aus der Tür zur Bank kommt ein Sowjetagent.

AGENT He, ihr Rotznasen! Schluß mit dem Krach! Der Boß arbeitet.

Der Lärm hört auf. Man hört den Boß schnarchen. Der Direktor bemerkt es. Ein Agent wirft den Kindern Bonbons zu.

AGENT Da habt ihr einen Vorschuß! Geht zur amerikanischen Botschaft und protestiert dort gegen was ihr wollt.

Die Kinder schnappen nach den Bonbons, schreien »Es lebe der Weltfrieden!«, »Nieder mit den amerikanischen Imperialisten!« und verschwinden. Hinter dem Gebäude kann man eine Demonstration beobachten. Die Losungen der Demonstration: »Sämtliche westliche Truppen raus aus dem Westen!«, »Wir fordern die einseitige Abrüstung des Westens«, »Keinen Pfennig für die Verteidigung!«, »Unsere Verteidigung – bedingungslose Kapitulation!« – Links taucht eine Gruppe Sowjetagenten auf. Sie trägt eine Kopie eines riesigen Fleischwolfs und nähert sich dem SM *und dem* WM.

EINER DER AGENTEN Verstehn du Russisch?

SM Ein bißchen.

AGENT Sie reisen nicht zufällig nach Moskau?

SM Genau dahin.

AGENT Nehmen Sie dieses Instrument an sich. Übergeben Sie es direkt dem KGB. Sagen Sie, ein Geschenk von Iwanow. *Good bye.*

Die Agenten gehen ab. Der SM *und der* WM *schleppen sich geduckt unter der Last des Fleischwolfs nach rechts – zur Tür nach Osten. Der Vorhang fällt.*

DRITTER AKT
Die Verwirklichung des Plenumsbeschlusses

Von links tritt der WM, *von rechts der* SM *auf die Bühne.*

WM Verehrte Zuschauer! Wir setzen unsere Komödie von der friedlichen Koexistenz zweier unvereinbarer Gesellschaftssysteme fort. Wir werden uns jetzt mit Ihnen nach Moskau begeben und die Maßnahmen kennenlernen, die das Sowjetvolk zur Verwirklichung des ZK-Plenumsbeschlusses vom 1. April ergreift.

SM Vortrefflich formuliert, Kollege! Der Kulturaustausch mit uns ist bei dir auf fruchtbaren Boden gefallen. Dein ideologisch-politisches Niveau ist beachtlich gestiegen. Es fehlt nicht mehr viel, und man kann dich nur noch mit Mühe von einem Dozenten der Parteihochschule des ZK der KPdSU unterscheiden.

Der Vorhang geht auf. Auf der Bühne: Moskau. Links eine Betonmauer mit Stacheldraht. Hinter der Mauer der Westen. Vor der Mauer Raketen, die auf den Westen gerichtet sind. In der Mauer eine Tür mit der Aufschrift UNBEFUGTEN BETRETEN VERBOTEN. *In der Mitte der Bühne das* KGB-*Hauptgebäude ›Lubjanka‹. In der Mitte des Gebäudes das Denkmal Dserschinskijs. Zwei Türen (Eingang und Ausgang). Rechts auf der Bühne ein Bild Moskaus – mit Kreml-Silhouette natürlich. Häuser. Dazwi-*

schen Zwischenräume (Straßen). Leute verschiedenster Provenienz gehen in das KGB-*Gebäude hinein, kommen wieder heraus und gehen durch die Tür links in der Mauer – in den Westen. Vor der Mauer wird irgend etwas gebaut. Über der Abdeckung des Baus ein Schild mit der Aufschrift* GROSSBAU DES KOMMUNISMUS. *Ein Teil der Leute, die aus den Straßen links kommen, gehen in das Innere des Baus. Diese Menschenverschiebung findet parallel zur Haupthandlung statt, ohne diese jedoch zu stören. In die Türe zum Westen gehen die Leute mit Wodkaflaschen, riesigen Kaviarbüchsen, Ikonen, Gemälden und Manuskripten, sie gehen in Hochzeitskleidern, als Sportler, Tänzer, Musiker usw. gekleidet in das Gebäude hinein. Sie tragen Transparente von Kanonen, Raketen und Panzern mit sich. Hin und wieder betreten Soldaten das Gebäude. Diese Menschenbewegungen auf der Bühne müssen mit dem Text der Handlung und den entsprechenden Kommentaren korrespondieren.*

SM Verehrte Zuschauer! Wir sind in Moskau. Das Gebäude, das Sie vor sich sehen, ist das KGB-Hauptgebäude. Die Verwirklichung des 1. April-Plenumsbeschlusses des ZK der KPdSU steht unter Leitung des KGB. Ein nie dagewesener Enthusiasmus hat alle Schichten der Sowjetbevölkerung ergriffen. Hier hören Sie, was die sowjetischen Massenmedien melden:

STIMME DES RUNDFUNKSPRECHERS *donnert* Werktätige eines Dorfes haben sich als Vorkämpfer der Bewegung für die Erfüllung des 5-Jahres-Planes zur Umerziehung des Westens innerhalb von zwei Jahren hervorgetan. Sie haben beschlossen, die Lebensmittellieferungen aus dem Westen im laufenden Jahr um das Doppelte zu erhöhen. Die Initiative der Landleute wurde von unseren Wissenschaftlern und Ingenieuren aufgegriffen. Sie haben sich verpflichtet, den Westen auf dem Gebiet des Imports neuester westlicher Industrietechnologie zu überholen. Und dieser Aufgabe zeigen sie sich auch wahrhaft gewachsen. Tausende unserer vortrefflichen Mädchen haben ihre Bereitschaft bekundet, Ausländer zu heiraten, und Tausende junger Männer Ausländerinnen. Unser Korrespondent hat sich zu diesem Thema mit der Aktivistin der kommunistischen Arbeit, Mascha Iwanowa, unterhalten:

KORRESPONDENT Mascha, du bist Jungfrau?

MASCHA Was soll das?! Wenn du's nicht glaubst, überzeug dich selbst.

KORRESPONDENT Schon lange?

MASCHA Was – schon lange?

KORRESPONDENT Jungfrau.

MASCHA Fünfzig Jahre.

KORRESPONDENT Fünfzig?! Ist aber bei unseren Mädchen nicht gerade die Norm! – Warst du schon mal verheiratet?

MASCHA Nein, noch nicht.

KORRESPONDENT Warum nicht?

MASCHA Hab' keinen abgekriegt.

KORRESPONDENT Und du bist also einverstanden damit, einen Ausländer zu heiraten?

MASCHA Mir doch egal, wen. Ausländer sind auch Menschen. Würde auch einen Lord heiraten. Sogar einen Prinzen. Auch Reagan persönlich, wenn er auch reaktionär ist. Ich würde den mir nichts, dir nichts rumkriegen! Würde ihn einfach nicht ins Weiße Haus lassen, solange er seine Pershings nicht aus unserem Europa abzieht!

KORRESPONDENT Bravo, Mascha! Mit solch kämpferischen Mädchen machen wir dem westlichen Imperialismus im Handumdrehen den Garaus!

Mascha geht ins KGB-Gebäude. Ein Mann kommt auf den Platz, sein Gesicht ist voller blauer Flecken.

WM Schauen Sie sich das an, Kollege! Wer ist denn dieser Unglückliche? Wo hat man den denn so zugerichtet?

SM Das ist einer unserer Journalisten, Njedobitow der Unschlagbare. Letztes Jahr ist er vom westlichen Geheimdienst entführt, aber schon bald darauf wieder nach Hause geschickt worden, weil man keine Verwendung mehr für ihn hatte.

WM Und dort hat man ihn dermaßen zugerichtet?

SM Nicht doch! So was ist bei uns nicht Usus! – Hat mit seiner besseren Hälfte Streit gehabt.

WM Und warum?

SM Haben die Sachen geteilt, die er aus dem Westen mitgebracht hat.

WM Und wer ist besser dabei weggekommen?

SM Bei uns geht das schön gerecht zu: er hat mehr Keile abgekriegt und sie – mehr Sachen.

Auf die Bühne kommt ein wütendes Weib, rast wie eine Furie auf Njedobitow zu, reißt ihm seine Wildlederjacke vom Leib und rast davon.

STIMME DES RUNDFUNKSPRECHERS Hunderte unserer Journalisten haben ihr Einverständnis bekundet, sich vom westlichen Nachrichtendienst entführen zu lassen. Unser Korrespondent führt nun ein Gespräch mit Genosse Njedobitow dem Unschlagbaren, der im letzten Jahr von der westlichen Spionageabwehr entführt worden und dieses Jahr zu uns zurückgekehrt ist, weil man keine Verwendung mehr für ihn hatte.

KORRESPONDENT Genosse Njedobitow! Sie sind unschlagbar. Sie schicken sich also an, erneut in den Westen zu reisen, um sich abermals entführen zu lassen. Sagen Sie, letztes Mal, ist es Ihnen da schwergefallen?

NJEDOBITOW Sehr schwer, vor allem aus moralischen Gründen. Die Henker vom westlichen Geheimdienst haben die ganze Zeit damit gedroht, die Presse darüber zu unterrichten, daß sie mich gar nicht entführt haben, und haben von mir verlangt, ich solle freiwillig nach Moskau zurückgehen! Können Sie sich das vorstellen?! Freiwillig nach Hause! Was kann es Unzumutbareres geben?

KORRESPONDENT Ich kann Ihnen das gut nachfühlen. Sie haben doch aber mannhaft alle Marterqualen ertragen!

NJEDOBITOW Natürlich! Ich war einverstanden, mich von unserem Nachrichtendienst entführen zu lassen – aber erst nach Auszahlung von Hunderttausend als Abfindung für die vorzeitige Rückkehr nach Moskau.

KORRESPONDENT Für wie lange möchten Sie diesmal entführt werden?

NJEDOBITOW Eigentlich am liebsten für immer, aber der westliche Geheimdienst ist dazu nicht bereit. Vorläufig haben wir uns auf ein Jahr einigen können.

KORRESPONDENT Und was meint Ihre ungeliebte Gattin dazu?

NJEDOBITOW Das ist kein Problem. Sie wird im Zuge des Kulturabkommens James Bond heiraten. Leider nur vorübergehend. Aber ich beneide James durchaus nicht.

KORRESPONDENT Und warum nicht?

NJEDOBITOW Meine Frau wird ihm schon innerhalb eines Jahres das Fell über die Ohren gezogen haben, wird ihm Arme und Beine brechen und die Zähne einschlagen.

KORRESPONDENT Geschieht ihm völlig recht! Ist schließlich unser Feind!

NJEDOBITOW Was heißt hier Feind?! Ist ein prima Kerl. Und einen heben kann der! Bloß unser sozialistisches System versteht er nicht. Aber wer versteht das schon im Westen?!

Njedobitow geht ins KGB-Gebäude. Auf dem Platz erscheint ein unansehnlicher, kahlköpfiger, hinkender und einäugiger Kerl. Der Korrespondent eilt auf ihn zu.

SM Das ist der Spion des Jahrhunderts, der berühmte KGB-Oberst Kljausow der Häßliche. Spezialist auf dem Gebiet der Verführung von Millionärinnen. Ein Bild von einem Mann!

WM Schon gut! Aber Frauen fliegen heutzutage auf sowas.

SM Damit haben wir ja auch gerechnet.

STIMME DES RUNDFUNKSPRECHERS Unser Korrespondent führte mit der internationalen Berühmtheit, dem Sowjetspion und KGB-Obersten Kljausow dem Häßlichen, folgendes Gespräch:

KORRESPONDENT Genosse Oberst, Sie sind eben erst aus dem Westen zurückgekehrt, wo Sie die verantwortungsvolle Aufgabe zu erfüllen hatten, eine Millionärin zu verführen. Wie haben Sie auf den 1. April-Plenumsbeschluß des ZK der KPdSU reagiert?

KLJAUSOW Ich bin selbstverständlich bereit, noch Dutzende von Millionärinnen im Westen zu verführen, ja sogar, sie alle gleichzeitig zu heiraten, sollte ich dadurch auch vorübergehend gezwungen sein, meine heißgeliebte Gattin und meine Kinder im Stich zu lassen.

Kljausow geht ins KGB-*Gebäude.*

STIMME DES RUNDFUNKSPRECHERS Aufgrund einer Initiative des Lenin-Komsomols ist an der Westgrenze unseres Landes mit der Erstellung eines Großbaus des Kommunismus begonnen worden. Der Bau soll ausschließlich friedlichen Zwecken dienen.

Genau in diesem Moment müssen sich die bisher auf die Tür zum Westen zustrebenden Menschenmassen ins Innere des Großbaus verlagern.

SM Wie Sie sehen, ist die Sowjetführung auf einhelligen Rückhalt bei der gesamten Sowjetbevölkerung gestoßen.

WM Was das genannte Volk anbelangt, haben Sie wohl doch ein wenig übereilt formuliert, lieber Kollege. Sehen Sie da?

Auf den Platz kommen zwei zerlumpte Gestalten gelaufen – mit einem Transparent WIR PROTESTIEREN. *Gleichzeitig kommen aus dem* KGB-*Gebäude Agenten, packen die beiden und zerren sie in das Gebäude. Darauf werden aus dem Gebäude Zeichnungen der beiden zerrissen und in Fetzen herausgetragen und über die Mauer nach Westen geschmissen. Diese Szene wird zwei-, dreimal wiederholt, während zwischen* WM *und* SM *folgender Dialog stattfindet:*

WM Das war die Opposition gegen das Sowjetregime. Sie haben ja eben gesehen, wie hier mit diesen Leuten umgesprungen wird. Und nun vergleichen Sie das mal mit unserer Demokratie im Westen. Bei uns ist einfach alles erlaubt!

SM Ist bei euch auch erlaubt zu verbieten, was erlaubt ist?

WM Natürlich nicht!

SM Also ist bei euch doch nicht alles erlaubt! Und das soll wahre Demokratie sein?

WM Dafür ist bei euch alles und jedes verboten!

SM Auch verboten zu verbieten?

WM Na klar!

SM Also ist doch nicht alles verboten. Und das soll Totalitarismus sein?

KGB-*Mitarbeiter schleifen von rechts ein Skelett auf die Bühne. Aus dem* KGB-*Gebäude wird eine Handpumpe herausgebracht, das Skelett auf den Boden gelegt, in den Hintern des Skeletts ein Schlauch gesteckt, in den während des Aufpumpens Brot, Kartoffeln und Wurst geschoben wird. Das Skelett bläht sich allmählich auf und nimmt menschliche Züge an.*

WM Was ist das denn?!

SM Das ist der Schmarotzer Iwanow. Er ist aus Protest fünf Jahre in den Hungerstreik getreten und wird nun zwangsernährt.

WM Was will er denn mit dem Hungerstreik erreichen?

SM Die Ausreise in den Westen.

WM Soll man ihn doch gehen lassen!...

SM Wenn man das jedem gestatten wollte, wer würde dann noch bleiben?! Schau mal da, eine Wurst kriegt der reingeschoben. Dieser Schurke! Bei uns gibt's nicht mal für die Helden der kommunistischen Arbeit Wurst, und diesem Schmarotzer schieben sie sie mit Gewalt in den Hintern!

In diesem Augenblick wird die Wurst wieder rausgezogen und westlichen Journalisten gezeigt, die sich am Tatort zusammengefunden haben. Die Journalisten fotografieren.

SM Alles in Ordnung! Die Wurst ist also eine Propagandawurst.

WM Was heißt das?

SM Propaganda-Nahrungsmittel werden eigens als Demonstrationsobjekte für Ausländer an die Werktätigen verteilt. Anschließend müssen sie sie wieder zurückgeben.

WM Wie ist so was möglich?!

SM Ganz einfach. Diese Wurst da ist zum Beispiel für den Magen völlig unverdaulich. Man kann sie kauen, soviel man will, sie in kleinste Stücke zerkleinern – die Stücke werden sich trotzdem immer wieder von selbst zu einer ganzen Wurst zusammenfügen. Zwanzig Jahre lang hat unsere Wissenschaft an dieser Erfindung gearbeitet.

WM Was soll dann das Ganze?!

SM Die Ausländer sind zufrieden, denn so können sie sich mit eigenen Augen davon überzeugen, daß die Leute in der Sowjetunion alles im Überfluß haben. Und die sowjetischen Werktätigen sind zufrieden, weil sie auf diese Weise wenigstens gut ernährt werden.

WM Aber warum wird dieser Mann zwangsernährt? Das ist doch eindeutig ein Verstoß gegen die Menschenrechte. Hungern ist ein unveräußerliches Recht des Menschen.

SM Bei uns ist das Gegenteil der Fall. Bei uns ist Sattheit höchste Bürgerpflicht. Bei uns ist Hungern gesetzlich verboten. In unserer Verfassung steht, jeder Bürger sei verpflichtet, mindestens dreimal täglich eine vollwertige Mahlzeit zu sich zu nehmen.

WM Das ist ja geradezu barbarisch! Was soll das für einen Sinn haben?!

WM Und was für einen! Erstens gibt es bei uns trotzdem Leute, die hungern, und zweitens: wenn jeder hungern wollte, wie er will, führte das irgendwann zu Überschüssen in der Versorgung.

WM Man kann diese Leute ja in die Hungerländer der Dritten Welt schicken.

SM Und wir, was sollen wir dann essen?! Und was wird aus euren Farmern?!

WM Was soll das nun wieder heißen?!...

SM Daß wir euch dann keine Lebensmittel mehr abkaufen können, eure Farmer ruiniert und ins allerärmlichste Bauerndasein zurückgestoßen und deshalb die Diktatur des Proletariats errichten werden. Wo sollen wir dann unsere Lebensmittel herkriegen?? Logisch?

WM Durchaus. Wenn nun aber eure Sowjetbürger den Paragraphen eurer Verfassung verletzen, der sie dazu verpflichtet, sich anständig zu ernähren?

SM Werden sie bestraft, indem man ihnen die Nahrungsmittelrationen kürzt.

Der aufgeblasene (»gefütterte«) Mann und die Pumpe werden ins KGB-*Gebäude getragen.*

SM Dieser Schmarotzer hat Schwein gehabt: Wohl hat man ihn mit einer Propagandawurst vollgepumpt, aber doch immerhin mit Wurst, und nicht mit irgendwas anderem. Normalerweise wird man bei uns mit den Klassikern des Marxismus vollgestopft, mit der Entwicklungsgeschichte des ZK der KPdSU und den Reden unserer Regierungschefs. Und die können nicht mal unsere wohltrainierten russischen Mägen verdauen! Einem böswilligen Hungerstreiker hat man mal das ganze *Kapital* von Marx reingepumpt. Er hat einen solchen Durchfall gekriegt, daß ihn sämtliche Antikommunisten des Westens noch nach zehn Jahren trotz größter gemeinsamer Anstrengungen nicht zum Stillstand bringen können.

WM Und was geschieht jetzt mit diesem zwangsernährten Mann?

SM Er kommt für zehn Jahre hinter Gitter.

WM Wieso das?!

SM Weil er kostenlos Nahrung zu sich genommen hat, die für die Werktätigen bestimmt war. Nun wollen wir aber unseren Zuschauern endlich zeigen, lieber Kollege, was sich im Augenblick im KGB-Gebäude tut.

Ein Stück Wand des KGB-*Gebäudes ist zu sehen, dahinter der Sitzungssaal des* KGB *(mit den Führerporträts und einer Leninstatue). Im Sitzungssaal befinden sich die ranghöchsten* KGB-*Mitglieder mit dem* KGB-*Chef in der Mitte. Alle gleichen sich wie ein Ei dem anderen, nur der* KGB-*Chef ist größer als die anderen.*

SM Eine Sitzung der ranghöchsten KGB-Mitglieder. Das ist der oberste KGB-Chef. Im Unterschied zu Gensek ist er sachlich und wortkarg. Manchmal schweigt er jahrelang. Alle anderen KGB-Mitglieder sind namenlos. Sie sind dermaßen geheim, daß sogar ihre eigenen Frauen sie nicht erkennen und sich daher ständig mit anderen einlassen.

WM Wie arbeitet denn aber der KGB, wenn sein oberster Vorgesetzter schweigt?

SM Der KGB ist nun mal kein westliches Parlament. Hier reicht es völlig, sich zuzublinzeln, hämisch zu lächeln oder zu schweigen. Auch schweigen kann man schließlich auf verschiedene Weise.

WM Interessant! Lassen Sie mal sehen!

SM Da haben wir zum Beispiel den Assistenten des KGB-Chefs. Er geht zu ihm ins Arbeitszimmer und trägt ihm vor, der römische Papst reise viel zuviel in der Welt herum, um die reaktionären internationalen Kräfte zusammenzuhalten. Was hat zu geschehen? fragt er. Der KGB-Chef schweigt, ohne die Augen von einem vor ihm liegenden Papier zu heben. – »Alles klar«, sagt der Assistent, »wird gemacht!«

WM Wieso »alles klar«? Mir ist überhaupt nichts klar.

SM Du bist auch nicht Assistent des KGB-Chefs. Aber still! Der KGB-Chef will gerade etwas sagen.

Der KGB-Chef räuspert sich und gibt unartikulierte Laute von sich. Dann fängt er an, abgehackt zu sprechen:

KGB-CHEF Ääh, ääh! ... Plenum ... 1. April ... ääh, ääh ... Beschluß ... Meinungen ...

STIMME 1 Das Wachstumstempo betreffend die Einschleusung unserer Leute in den Westen muß erhöht werden. Sobald die Zahl dieser eingeschleusten Leute fünfzig Prozent der Gesamtbevölkerung erreicht hat, werden die Westler von ganz allein vor ihnen nach Sibirien flüchten. Um diese Umsiedlung des Westens nach dem Osten zu erleichtern, gilt es, durch ganz Europa einen Korridor mit Einbahnverkehr und ohne Geschwindigkeitsbegrenzung zu erstellen ...

STIMME 2 Hierfür werden Mittel und Einrichtungen gebraucht, über die wir im Augenblick nicht verfügen.

STIMME 3 Der Westen wird uns schon helfen.

STIMME 4 Diesen Korridor brauchen nicht wir, den braucht der Westen. Soll er ihn selber bauen. Unsere Sache ist es, die ideologische Leitung zu garantieren.

STIMME 5 Die Leute aus dem Westen nach Sibirien zu schaffen, ist kein Problem. Auf dem Gebiet haben wir Erfahrung. Die Frage lautet vielmehr, wie sich das Einschleusungstempo unserer Leute in den Westen beschleunigen läßt. Die alten Methoden zeigen sich unseren erhöhten Anforderungen nicht mehr gewachsen. Meiner Ansicht nach ist die Zeit reif, eine Spion-Pipeline von Moskau nach dem Westen zu legen, die direkt zu allen uns interessierenden Objekten im Westen führt. Man könnte dann unsere Leute hier in der ›Lubjanka‹ in eine Pipelinemaschine setzen und durch einfachen Knopfdruck innerhalb weniger Sekunden an den jeweils gewünschten Punkt im Westen transportieren. Aber auch hier sind wir auf die Hilfe des Westens angewiesen.

STIMME 6 Großartige Idee. Ich bin sicher, daß sich die westlichen Regierungen, Firmen, Banken und Militärstäbe davon überzeugen lassen, daß dieses Bauwerk ein wichtiger Beitrag zum Frieden sowie zu unserer Sicherheit im Westen sein wird.

STIMME 7 Richtig! Und bis dahin läßt sich der Transport unserer Agenten in den Westen durch die vorhandene Gas-Pipeline bewerkstelligen.

Beifall. Lachen, das in homerisches Gelächter übergeht.

STIMME 8 Genossen, wozu sich mit Banalitäten aufhalten. Unser Agentennetz im Westen hat sich fähig gezeigt, seine Aufgaben in großem Stil zu lösen. Wir sind heute schon in der Lage, sämtliche westlichen Streitkräfte zu kassieren, ohne uns deshalb in einzelne Geheimposten aufsplittern zu müssen.

STIMME 9 Aber was sollen wir mit den Leuten machen? Man muß doch irgendwie für ihren Unterhalt sorgen! Und dann – wir haben ja schon vor unseren eigenen Streitkräften keine Ruhe. Man sollte besser umgekehrt vorgehen: einen Teil unserer Streitkräfte im Austausch gegen Konsumgüter nach Westen verlegen.

STIMME 10 Ich schließe mich der Ansicht unseres Marschalls Iwanow an. Ich meine, unsere Hauptaufgabe sollte darin bestehen, den Strom jeglicher Art von Annehmlichkeiten auf dem Gebiet des Konsumgüterangebots in Gang zu bringen – und nicht den militärischer Geheimnisse. Der Westen hat allerhand Nützliches zu bieten, ganz besonders was den Sex anbelangt. Und wir wissen ja nicht mal wohin mit den eigenen militärischen Geheimnissen . . .

SM Der da gesprochen hat, ist der Vertreter des KGB-Chefs und persönlicher Freund Genseks. In unserer Komödie spielt er keinerlei Rolle: er wird bald schon wegen Abweichung vom Parteikurs und unbeschreiblicher Korruption abgenommen.

Die Wand wird zugedeckt.

WM Und unsere Kremlologen haben doch recht: eure Gesellschaft ist von unten bis oben korrupt.

SM Nichts da. Eure Kremlologen sind in diesem Falle einem gewaltigen Irrtum aufgesessen: unsere Gesellschaft ist von oben bis unten korrupt.

WM Und woran liegt das?

SM Am verderblichen Einfluß des Westens.

WM Wenn das so weitergeht, dann ...

SM ... wird sich die materielle Lage unserer Werktätigen merklich verbessern. So eine Korruption kann uns nur von Nutzen sein. Momentan erwägt man bei uns auf höchster Ebene, ein eigenes Ministerium für den verderblichen Einfluß des Westens neben dem Ministerium für Außenhandel und Auswärtige Angelegenheiten zu bauen.

WM Nun aber, Kollege, sollten Sie unseren Zuschauern endlich einen Einblick in den Arbeitsalltag des KGB geben.

Der andere Teil der Wand wird hochgezogen. Das Bild eines KGB-*Amtszimmers erscheint: An der Wand die Führerporträts. Am Tisch ein Offizier. Im folgenden ist nur die Stimme des Offiziers zu hören. Die Besucher des Amtszimmers kommen einfach von rechts herein und gehen dahin, wo auf dem Bild der Tisch mit dem Offizier steht.*

SM Hier haben Sie eins von den vielen tausend Arbeitszimmern des KGB vor sich, in denen nicht eine Minute die selbstlose Arbeit unserer Tschikisten zum Wohle des Vaterlandes und des Weltkommunismus ruht.

WM Was sind das, Tschikisten?

SM »Tschikisten« nannte man die KGB-Mitarbeiter in den ersten Jahren nach der Revolution. Sie wurden deshalb so genannt, weil man damals anstelle des Wortes »füsilieren« das Wort »tschickieren« gebraucht hat.

WM Wie romantisch!

SM Sehr! Tschick – und du bist tot. Nur einmal »tschick« gemacht – das ist alles.

Ein älterer, kahlköpfiger Mann mit Bäuchlein kommt in das Arbeitszimmer und tritt an den Tisch.

OFFIZIER Wer bist du?

MANN Iwanow.

OFFIZIER Welche westlichen Sprachen sprichst du?

MANN Keine. Bin schließlich kein Intellektueller. Bin Sportler.

OFFIZIER Welche Disziplin?

MANN Alle. Bin Allroundkämpfer. Aber hauptsächlich Läufer. Laufe auf und davon – vor Schulden, vor Alimenten, vor der Miliz.

OFFIZIER Prächtig! Du kommst zum Bolschoi-Ballett. Gehst mit auf Tournee in den Westen. Wählst die Freiheit. Und dann organisierst du eine pazifistische Bewegung für die totale und einseitige Abrüstung des Westens. Hier hast du eine Liste. Schickst die Sachen direkt an meine Adresse. Die Liste lernst du auswendig. Wenn sie nämlich in die Hände von Dissidenten gerät, lachen die sich halb kaputt.

MANN Die sind doch nicht blöd.

OFFIZIER Denen steht das zu. Sind schließlich Kämpfer für die Menschenrechte. – Kannst du die Liste auswendig?

MANN Jawohl. Jeans – tausend Paar. Computer – hundert Stück. Lederjacken – tausend. Antibabypillen – zwei Tonnen ...

OFFIZIER Ausgezeichnet! Ich verleihe dir hiermit den Rang eines KGB-Majors.

MANN Stets im Dienst der Sowjetunion!

Der Mann geht durch die Tür nach Westen ab. Herein kommt eine Frau in mittleren Jahren.

OFFIZIER Wer bist du?

FRAU Iwanowa.

OFFIZIER Kannst du irgendwelche Westsprachen?

FRAU Kein Bedarf. Bin schließlich keine Schwarzhändlerin. Und erst recht keine Intellektuelle oder Agentin. Bin eine anständige Übersetzerin.

OFFIZIER Welche Sprachen übersetzt du?

FRAU Alle.

OFFIZIER Aber in welche?

FRAU In sämtliche. Aber in der Hauptsache Dollar und Pfund in Rubel und wieder zurück.

OFFIZIER Nach welchem Kurs?

FRAU Dem üblichen: ein Pfund Rubel pro Dollar.

OFFIZIER Bravo! Du kommst in die Hockeymannschaft. Fährst zu den Olympischen Spielen in den Westen. Wählst die Freiheit. Gründest die Partei der Violetten. Kandidierst für den Premierministerposten. Die Wahlkampagne führst du unter dem Motto »Küken wollen auch leben!« – Da hast du eine Liste, was du an meine Adresse schicken sollst. Lerne sie auswendig! – Hast du's?

FRAU Ja. Damenhosen – tausend Paar. Büstenhalter – tausend Stück. Pelzjacken – zweitausend ...

OFFIZIER Bestens! Ich ernenne dich hiermit zum KGB-Major.

FRAU Stets im Dienst der Sowjetunion!

Die Frau geht durch die Tür nach Westen ab. Herein kommt ein Mann mit gewaltigem Hintern. Er ist Wissenschaftler.

OFFIZIER Wie heißt du?

WISSENSCHAFTLER Iwanow.

OFFIZIER Kannst du westliche Sprachen?

WISSENSCHAFTLER Kein Bedarf. Bin schließlich kein Schwarzhändler. Und erst recht kein Intellektueller oder Westspion. Bin ein ehrbarer Wissenschaftler.

OFFIZIER Welche Fächer?

WISSENSCHAFTLER Sämtliche. Aber zur Hauptsache ausländische, und zwar die modernsten und modischsten.

OFFIZIER Verstanden. Genau was wir hier brauchen.

WISSENSCHAFTLER Mein Kopf steht stets Partei und Regierung zu Diensten!

OFFIZIER Wir brauchen nicht deinen Kopf, sondern das Gegenteil.

Der Wissenschaftler zieht von hinten das Abbild seines Hinterteils über den Kopf und das Abbild seines Gesichts nach hinten über das Hinterteil.

WISSENSCHAFTLER Mein Hinterteil steht stets Partei und Regierung zu Diensten.

OFFIZIER Du fährst mit einem Sonderauftrag in den Westen: als Bevollmächtigter Agent. Ich ernenne dich hiermit zum KGB-Major.

WISSENSCHAFTLER Aber ich bin doch bereits Oberst!

OFFIZIER Dann eben zum Generalmajor.

WISSENSCHAFTLER Stets im Dienst der Sowjetunion!

Die Wand wird wieder heruntergelassen und verdeckt nun wieder das Arbeitszimmer. Der Wissenschaftler geht nach links zur Tür nach Westen. Dort sieht er sich plötzlich von einer Menschenmenge umringt. Derweil führen der SM *und der* WM *folgendes Gespräch:*

WM Wie ich sehe, steht es bei euch schlecht mit Westsprachenkenntnissen. Das ist eure schwache Stelle.

SM Ganz im Gegenteil, das ist unsere Stärke. Im Umgang mit dem Westen ziehen es unsere Leute vor, sich der Gestik zu bedienen – als der eindeutigsten und ausdrucksstärksten Sprache. Der Vorzug dieser Sprache besteht darin, daß man sie nicht lernen muß und sie problemlos von jedem verstanden wird. Da, schau!

Der SM *zeichnet durch eine Geste mit der Hand das Dollarzeichen in die Luft und öffnet und schließt zweimal hintereinander die Finger seiner Hand.*

SM Was habe ich gesagt?

WM Kinderleicht! Daß Sie Rubel gegen Dollar tauschen, und zwar zehn Rubel für einen Dollar.

SM Siehst du? Dabei hast du das nirgends gelernt. Und was sage ich jetzt?

Der SM *bekreuzigt sich und kratzt sich den Hintern.*

WM Habe eine Ikone aus dem 18. Jahrhundert. Tausche sie gegen Jeans.

SM Genau!

WM *zeigt auf die Menge, die den Wissenschaftler umringt* Was ist das für ein Menschenauflauf?

SM Das sind Verwandte und Bekannte.

WM Woher haben sie erfahren, daß der Wissenschaftler in den Westen reist?

SM Hör mal – da!

Junge Leute – wie westliche Punks aufgemacht – gehen vorbei. Sie haben Transistorradios bei sich, die sie in voller Lautstärke laufen lassen:

STIMME DES RADIOSPRECHERS Der sowjetische Journalist Fui, im Westen durch seine Verbindungen zum KGB bekannt und in Moskau durch seine Verbindungen zum westlichen Geheimdienst, hat westliche Journalisten wissen lassen, daß der »Kreml« beabsichtigt, ihn als Bevollmächtigten Agenten des KGB-Generals Iwanow unter dem Decknamen »Wissenschaftler« in den Westen zu schicken. Er wird die neue Kreml-Losung »Lieber rot als tot« an Stelle der veralteten in den Westen bringen. Außerdem hat er einen höchst geheimen Auftrag von Gensek persönlich. General Iwanow ist der mächtigste aller sowjetischen Regierungsvertreter, die in der letzten Woche den Westen besucht haben.

Ein Maler steckt dem Wissenschaftler ein Bild von sich zu.

MALER Gib das im Louvre ab! Sollen es an sichtbarster Stelle aufhängen. Und wenn kein Platz dafür da ist, sollen sie sämtliche Raffaels, Picassos und Michelangelos runternehmen. Haben lange genug da gehangen, jetzt sind wir dran!

Der Maler ab. KGB-*Mitarbeiter folgen ihm, packen ihn und schleppen ihn ins* KGB-*Gebäude. Ein anderer, ebenfalls komisch aussehender Mann tritt mit einem dicken Manuskript an den Wissenschaftler heran. Es ist ein Untergrundschriftsteller.*

SCHRIFTSTELLER *zieht sein Manuskript hervor* Gib dieses Manuskript bei sämtlichen westlichen Verlagen ab. Es ist der Roman des Jahrhunderts. Ich habe darin sämtliche verwundbaren Stellen des Kommunismus aufgedeckt. Sollen die endlich aufhören, diese Dantes, Hemingways und Shakespeares zu lesen. Jetzt sind wir dran!

Der Schriftsteller geht ab. KGB-*Mitarbeiter schnappen ihn und zerren ihn ins* KGB-*Gebäude. Die Menschenmenge löst sich auf. Der Wissenschaftler übergibt das Manuskript, das Bild und allerlei Klamotten und Briefe den* KGB-*Mitarbeitern. Die bringen alles zusammen in das* KGB-*Gebäude. Beim Wissenschaftler bleiben dessen Frau, Sohn und Tochter zurück. Die Frau ist dick und hat ein widerliches Gesicht. Der Sohn ist dünn und lang, sein Gesicht von seiner Haarmähne versteckt, in Jeans. Er kaut Kaugummi. Die Tochter ist wie westliche Punks aufgemacht.*

FRAU Ohne Pelzjäckchen kommst du mir nicht zurück!

SOHN Und mir bringst du gebrauchte amerikanische Jeans mit. Zehn Paar.

WISSENSCHAFTLER Wieso gebrauchte?

SOHN Bist vielleicht rückständig, Alter! Neue Jeans kosten, wenn's hochkommt, einen halben Hunderter, aber stonewashed zweihundert Rubel! Heutzutage sind die Löcher in den Jeans teurer als die Jeans selber.

WISSENSCHAFTLER Und wozu so viele?

SOHN Ein Paar für den Laborchef, ein Paar für den Sekretär des Parteibüros, ein Paar für den Vorsitzenden des Ortskomitees und ein Paar für den Abteilungschef. Den Rest zum Verhökern.

TOCHTER Und für mich zehn Kilo Antibabypillen und zwanzig Kilo Aphrodisiakum.

WISSENSCHAFTLER Wozu denn so viel??!

TOCHTER Du weißt doch, wieviel Mädchen wir in der Klasse sind, und dann – die Lehrerinnen!

Der Wissenschaftler notiert sich die Aufträge und geht durch die Tür in den Westen ab. Auf dem Platz erscheint ein Intellektueller mit einem Manuskript. Er geht zum WM *und steckt ihm das Manuskript zu. Aus dem* KGB-*Gebäude kommen* KGB-*Mitarbeiter, packen beide und zerren sie ins* KGB-*Gebäude.*

WM *schreit* Laßt mich los, will's auch nicht wieder tun! Ich bin Pazifist! Linker! Ein Rosaroter! Ein Grüner!

Es lebe der Kommunismus, die lichte Zukunft der gesamten Menschheit! ...

SM Verehrte Zuschauer! Sie brauchen sich keine Sorge um unseren Kollegen zu machen. Soeben wurde bekannt, daß in einem Westland hundert Agenten von uns bei der Demontage eines U-Boots erwischt und festgenommen worden sind, das mit Kurs auf Moskau hätte auslaufen sollen. Darum hat man meinen Kollegen geschnappt: er soll gegen die Sowjetagenten ausgetauscht werden. Und gegen das U-Boot, natürlich.

Der Vorhang fällt. Von links kommt die Horde Sowjetagenten auf die Bühne, die man im Westen auf frischer Tat ertappt hat. Sie sind alle klein und völlig identisch nach Aussehen und Kleidung. Alle mit Koffern. An einem Strick ziehen sie eine U-Boot-Attrappe hinter sich her. Sie werden von zwei langaufgeschossenen, dürren, kaugummikauenden unbewaffneten Soldaten begleitet. Von rechts kommt der WM *auf die Bühne: in Handschellen, flankiert von* KGB*-Offizieren und Soldaten mit Maschinengewehren. Die Sowjetagenten gehen auf den rechten Teil der Bühne hinüber: ein Sowjetagent zählt sie. Das U-Boot wird auch mit auf die rechte Seite gezogen. Die Westsoldaten gehen ab, ohne auf den* WM *zu warten. Dem werden die Handschellen abgenommen, Jeans und Jacke ausgezogen, der Kaugummi aus dem Mund geholt, bevor man ihn nach links wegschubst. Er überschlägt sich, steht auf und klopft sich ab. Ein Auge ist blaugeschlagen.*

WM Diesmal hat man mich noch menschlich behandelt: die friedliche Koexistenz trägt eben doch ihre Früchte.

Der WM *geht nach links ab. Er hinkt beidseitig.*

VIERTER AKT

Die Absichten des Kremls

Der Vorhang geht auf. Auf der Bühne der Westen (wie im 2. Akt). Nur ragt jetzt hinter der Mauer rechts ein Gebäude hervor, allerdings noch verhüllt, zuoberst eine Tafel mit der Aufschrift GROSSBAU DES KOMMINISMUS. *Der Boß und der Direktor sitzen in ihren Büros und lesen Zeitung. Von links kommt der* WM, *von rechts der* SM.

SM Grüß dich, Kollege! Wo hat man dich denn dermaßen dekoriert?

WM Ich habe an einer pazifistischen Demonstration teilgenommen, nur so ein paar Zusammenstöße mit der Polizei . . .

SM Und das Ergebnis?

WM Wie die Russen so schön sagen: Das Ergebnis steht im Gesicht geschrieben. – Aber sagen Sie mal, Kollege, was habt ihr denn da für einen grandiosen Bau gleich hier an unserer Grenze hingesetzt? Bei uns im Westen fürchtet man zutiefst, dieser Bau könnte gar nicht militärischen, sondern friedlichen Zwecken dienen.

SM Eure Befürchtungen sind völlig unbegründet. Aber still, Kollege, der Herr Direktor wünscht etwas zu sagen.

DIREKTOR Hallo, Iwan! In unseren Zeitungen steht, es hätte ein 1. April-Plenum des ZK der KPdSU stattgefunden.

BOSS In unseren auch.

DIREKTOR Das Plenum hat beschlossen, die alten Kreml-Losungen für den Westen durch neue zu ersetzen. Bloß weiß man bis jetzt noch nicht, durch welche.

BOSS Da, schau mal aus dem Fenster!

Der Direktor schaut aus dem Fenster auf die Straße. Dort nehmen Sowjetagenten einer Gruppe von Leuten auf der Ostseite der Mauer die Transparente mit der Losung LIEBER ROT ALS TOT *weg und schaffen sie zur Tür nach Osten. Von dort bringen sie die neue Losung* LIEBER SCHWACHER KAPITALISMUS ALS STARKER KOMMUNISMUS *und stellen sie anstelle der alten auf.*

DIREKTOR *brüllt* Wer hat befohlen, die Kreml-Losung zu ersetzen?

AGENTEN *indem sie Richtung Tür nach Osten gehen* Eine Initiative der Massen von unten!

DIREKTOR Was für Massen?!

AGENTEN Massen von Sowjetagenten!

Die Agenten verschwinden in der Tür nach Osten. Der Direktor blickt niedergeschlagen in seine Zeitung.

BOSS He, John! Unsere Zeitungen schreiben, der berühmte Westspion James Bond sei geschnappt worden.

DIREKTOR *niedergeschlagen* Wobei?

BOSS Jedenfalls nicht bei etwas, das uns beträfe. Sonst

hätte in unseren Zeitungen gestanden, er sei auf frischer Tat ertappt worden.

DIREKTOR Was ist da für ein Unterschied?

BOSS Ein wesentlicher. Geschnappt heißt, er kriegt ein paar Tage und wird dann in den Westen abgeschoben. Um dem Westen einen Dienst zu erweisen, versteht sich. Wenn er aber auf frischer Tat ertappt worden ist, dann wird er mehrere Monate festgehalten und gegen Agenten von uns ausgetauscht. Und wenn in unseren Zeitungen steht, daß einer als Erzspion entlarvt worden ist, dann steht die Sache schlecht. Klar?

DIREKTOR Klar. Das heißt also ...

BOSS ... daß Bond bald schon aus Moskau zurücksein und deinen Posten einnehmen wird.

DIREKTOR Lach nur nicht zu früh, Iwan. In unseren Zeitungen steht, der Bevollmächtigte Agent und KGB-General Iwanow sei unter dem Decknamen Wissenschaftler mit einem ganz besonders wichtigen Auftrag in den Westen abgereist. Was das wohl bedeuten mag?? Du sollst abgesetzt werden, mein lieber Iwan! Dieser Bevollmächtigte Agent kommt nämlich auf deinen Platz!

Aus der Tür nach Osten kommt ein durchschnittlich aussehender junger Mann. Aus der Manteltasche zieht er eine Flasche Wodka, trinkt und schmeißt die leere Flasche gegen die Mauer nach Osten. Von dort dringt Tumult herüber: Motorengeräusch und Kommandos wie: »Gefechtsalarm!«, »Raketen einsatzbereit!«, »Panzer kampfbe-

reit!«, »Wasserstoffbomben in Einsatz!«, »Bakterienbomben einsatzbereit!«, »Propaganda einsatzbereit!«, »Gasbomben einsatzbereit!«. Im Westen gehen gigantische Hände hoch. Im Osten ertönt das Kommando: »Kommando zurück! Blinder Alarm!«

WM Wer ist der Kerl, der da beinahe den Dritten Weltkrieg ausgelöst hat?

SM Das ist der Komsomolze Iwanow – mit Spitznamen Iwan –, einer von Tausenden, die als Antwort auf den Aufruf des 1. April-Plenums des ZK der KPdSU in den Westen gekommen sind, um die Erziehung des Westens im prokommunistischen Geiste voranzutreiben.

WM Warum nur im prokommunistischen und nicht im kommunistischen Geiste?

SM Wenn ein Mensch im kommunistischen Geist erzogen wird, fängt er als erstes an zu saufen, Pfuscharbeit zu leisten und seinen Kommunismus zu verspotten. Wenn nun aber ein Mensch im prokommunistischen Geist erzogen wird, zeigt er sich dem Kommunismus gegenüber voller Ernst und ohne Humor.

WM Heißt das, daß es für euch besser wäre, wenn im Westen nicht der Kommunismus, sondern der Prokommunismus kommt?

SM Lieber Kollege, wie ich sehe, hast du den vom Kreml angesteuerten Kurs in seiner derzeitigen Phase genau erfaßt. Man könnte meinen, du hättest an der Universität in Moskau Marxismus-Leninismus studiert oder sogar die Höhere Parteischule des ZK der KPdSU absolviert.

WM Ich bin Autodidakt.

SM Phantastisch! Wie man bei uns in Rußland sagt: Die Wissenden sind im Licht, die Unwissenden im Dunkeln. Doch wollen wir, lieber Kollege, den Gang der Ereignisse nicht aufhalten. Ich hätte da einen ganz sachlichen Vorschlag: Du hilfst mir, so einige Sächelchen zu besorgen, und ich verrate dir dafür im Zuge unseres Kulturaustauschs das allergeheimste Geheimnis des Kremls. Einverstanden?

WM *aufgeregt* Abgemacht! Aber was ist mit der Handlung?

SM Die Handlung geht auch ohne uns weiter. Der Westen hat bereits gelernt, sich so zu verhalten, wie es für uns erforderlich ist – und das ganz ohne Kreml-Ukas.

WM *und* SM *gehen Richtung Bank.*

SM Wie kommt es, daß bei euch Banküberfälle so gelassen hingenommen werden?

WM Weil das Geld versichert ist. Wird eine Million geraubt, bekommt die Bank von der Versicherung zwei zurückerstattet. Weshalb die Banken manchmal selber einen Überfall inszenieren. Das ist für alle von Vorteil. Es beschleunigt den Kapitalumlauf.

SM Ja, ja, der Kapitalismus hat auch seine positiven Seiten.

WM Und bei euch, werden da Banken überfallen?

SM Da im Kommunismus das Geld nach und nach verschwindet, gibt es gar kein Geld, das man rauben könnte.

Der WM *und der* SM *gehen durch die Tür in die Bank hinter die Bühne. Der neu angekommene Agent mit dem Decknamen Iwan geht auf Wanka zu.*

IWAN Grüß dich, Landsmann.

WANKA Grüß dich, wenn das kein Scherz sein soll.

IWAN Wo ist hier das Wohnheim für Sowjetagenten?

WANKA Ich begleite dich hin.

Iwan und Wanka gehen ins Hotel ›Gulag‹, wo sie von der Wirtin begrüßt werden.

WANKA Hier haben wir einen neuen Mieter, meine Liebe. Heißt auch Iwan. Ist auch Agent. Was bist du? Für den Anfang nicht schlecht. In einem Monat befördern wir dich zum Obersten. Hier läuft das nicht wie in Moskau. Hier herrscht Freiheit. Hier kannst du dir deinen Rang aussuchen. Und das hier ist unsere Hausmeisterin, sie ist Chefin dieser Anstalt. Eine Schönheit, nicht wahr? Vor fünfzig Jahren war sie europäische Schönheitskönigin, »Miss Europa«, wie das hier heißt. Ist auch heute noch ganz passabel. Wenn man betrunken ist, geht's schon. Im übrigen ist sie Hausmeisterin im ureigensten Sinne des Wortes. Hier gibt es schließlich noch Privateigentum. Meisterin, das heißt Exploitatorin. Und das hier *(die Putzfrau kommt)* ist unser Ortsproletariat. In Moskau wäre es genau umgekehrt: die Putzfrau wäre Direktor, und unsere Hausmeisterin hier Putzfrau. Im übrigen gäbe die eine einen schlechten Direktor ab und die andere eine schlechte Putzfrau. Hier sind sie beide schon am rechten Platz.

WIRTIN Willkommen bei uns in der Freien Welt, Herr Agent. Wie geht's denn so hinter dem Eisernen Vorhang?

IWAN Wie es halt so geht. Repressalien. Warteschlangen. Defizite. Das Volk glaubt nicht an den Marxismus und neigt zur Rechtgläubigkeit. Sobald sich die Möglichkeit bietet, wird sich das Volk des totalitären Regimes entledigen und die Monarchie einführen.

WIRTIN In den Zeitungen steht, bei euch gäbe es keine Redefreiheit.

IWAN Das stimmt. Man braucht nur einen saftigen Fluch von sich zu geben, und schon wird man vierundzwanzig Stunden wegen groben Unfugs eingelocht.

WIRTIN In den Zeitungen steht, die Sowjetunion würde in absehbarer Zeit wegen Problemen auf nationaler Ebene Bankrott machen. Der Bevölkerungsanteil der Moslems wächst und wächst: der Islam verdrängt den Marxismus.

IWAN Stimmt. Mitten zwischen Wohnhäusern und Militärkasernen werden Moscheen gebaut. Fünfzig Prozent der Parteifunktionäre sind Mohammedaner geworden.

WIRTIN Und wie steht es in Moskau mit dem Sex?

IWAN Es sind ernsthafte Fortschritte zu verzeichnen. Ein Institut für Sexologie wurde gegründet, das neue, auch bei widrigen Bedingungen taugliche Stellungen erprobt.

WIRTIN Wie interessant! Unter was für Bedingungen denn?

IWAN Bei sechzig Grad unter Null hinter dem Polarkreis zum Beispiel – und zwar auf der Straße. Oder bei Briefwechsel, ein häufiges Problem von Soldaten, die ihren Militärdienst auf der Tschuktschenhalbinsel oder auf Sachalin ableisten. In den letzten Jahren haben sowjetische Sexologen neue Stellungen ausgearbeitet, die auf vermintem Gebiet ohne jede Frau tauglich sein sollen und die unseren Soldaten in Afghanistan anempfohlen werden.

WIRTIN Was wollen Sie mir da zeigen ...?

WANKA Das wird er später. Jetzt muß er sich erst mal von der Reise ausruhen.

Die Wirtin geht hinter die Bühne und erscheint anschließend im Institut für Kremlologie. Wanka geht ins Café. Die Putzfrau kriecht unter die Bettdecke und zieht Iwan zu sich.

IWAN Was soll das?

PUTZFRAU Hier im Westen, Genosse Iwanow, gibt es kein Buch, keinen Film, kein Theaterstück, das ohne Bettszenen auskäme. Daran mußt du dich gewöhnen. Sex steht hier im Westen auf Platz 1, und erst an zweiter Stelle kommen die Partei- und Regierungsresolutionen. Die wichtigsten Ereignisse finden hier im Bett statt und nicht auf den Großbauten des Kommunismus.

IWAN Verstanden.

Iwan kriecht unter die Decke. – Die Handlung wird im Institut für Kremlologie fortgesetzt:

DIREKTOR Was ist das für ein Vogel?

WIRTIN Ein Oberst. Direkt aus dem Kreml.

DIREKTOR Und das alles haben die so im Blut. Mit welchem Auftrag ist er gekommen?

WIRTIN Weiß er selber nicht. Irgend so was wie die Regierung stürzen.

DIREKTOR Zu spät. Ist längst nicht mehr aktuell.

WIRTIN Demnach irgendwas Neues, was noch nicht festgelegt ist.

DIREKTOR Wieso?

WIRTIN Nur so, der guten Ordnung halber.

DIREKTOR Gehen wir mal hören, was die im Bett beratschlagen.

Wirtin und Direktor treten ans Bett. Der Direktor hat ein leeres Glas bei sich für eine Urinprobe. Er legt das Ohr an die Bettdecke.

DIREKTOR Flüstern, aber worüber, läßt sich nicht ausmachen. Da müßte man schon unter die Decke kriechen. Aber ohne Kongreßbeschluß unter eine Decke zu kriechen ist den Sowjetspionen verboten. Gilt als undemokratisch.

Unter der Decke ist folgendes zu hören:

IWAN Habe ich doch gleich gemerkt, daß du eine von uns bist.

PUTZFRAU Wie denn? An den Augen? Oder am Akzent?

IWAN An der Figur.

Iwan und die Putzfrau kommen unter der Decke hervor. Der Direktor hält Iwan das Glas hin.

IWAN Wozu denn das?

DIREKTOR Das ist durchaus nützlich, Herr Oberst. Wir wollen mit neuesten Methoden der geheimnisvollen russischen Seele auf die Spur kommen.

IWAN Gib her, ich gebe dir so viel russische Seele, daß du nicht weißt, wohin damit.

Iwan wendet sich ab, uriniert in das Glas und gibt dem Direktor das volle Glas. Der geht hinter die Bühne ab. Die Wirtin geht ebenfalls hinter die Bühne ab. Iwan und die Putzfrau drehen den Fernsehapparat an.

STIMME Verehrte Zuschauer! Nun unsere beliebte Sendung »Sex bei Schwerelosigkeit im Weltall« . . .

IWAN Ich habe genug von diesem Sex! Schalt um aufs zweite Programm. Wieviel Kanäle habt ihr?

PUTZFRAU Hundert.

IWAN Oho! Wir haben alles in allem bloß drei.

Die Putzfrau schaltet um. Aus dem Fernseher ist folgendes zu hören:

WEIBLICHE STIMME Warum bist du so bekümmert, John?

MÄNNLICHE STIMME Ich habe eine alte Millionärin umgebracht.

WEIBLICHE STIMME Na und? Kein schlechtes Geschäft.

MÄNNLICHE STIMME Das ganze Hemd ist voll Blut.

WEIBLICHE STIMME Halb so schlimm. Das haben wir gleich.

Man hört das Geräusch einer Waschmaschine.

WEIBLICHE STIMME Siehst du, auch die gründlichsten Kriminalbeamten wären jetzt nicht in der Lage, irgendwelche Blutspuren zu entdecken.

MÄNNLICHE STIMME Umwerfend, meine Liebe! Wie hast du das nur gemacht?

WEIBLICHE STIMME Ganz einfach. Gewaschen! Mit dem Waschpulver »Sherlock Holmes«.

IWAN Was ist das denn?!

PUTZFRAU Reklame. Hier geht nichts ohne Reklame. Hier kaufen alle, was ihnen die Reklame vorschreibt.

IWAN Und warum geht es nicht ohne Reklame?

PUTZFRAU Weil man ohne Reklame nicht weiß, was man braucht.

IWAN Mach aus! Gehen lieber irgendwo was trinken. Müssen schließlich meine Ankunft feiern!

Iwan und die Putzfrau gehen ins Café, wo bereits Wanka sitzt. Sie setzen sich zu ihm an den Tisch. Der Kellner kommt. Iwan bestellt. Der Kellner bringt Wodka und etwas zu essen. Sie trinken, stoßen an, trinken.

WANKA Und Freund, wie steht's bei uns in Moskau?

IWAN Wie eh und je, nur schlechter. Verstärkte Bekämpfung des Alkoholismus und der Bestechung und größere Anstrengungen zur Hebung der Arbeitsdisziplin.

WANKA Mit welchem Erfolg?

IWAN Gewaltigem! Von Disziplin keine Spur mehr. Dem Suff ergeben sich inzwischen sogar Säuglinge und Tote. Und ohne Bestechung kann man nicht mal mehr mit der eigenen Frau schlafen.

WANKA Bei uns ist alles wie eh und je, nur schlechter. Die

Lage für einen einfachen Agenten wie unsereinen ist gar nicht so beneidenswert, wie man in Moskau glaubt. Wenn man Geld hat, hat man hier alles. Aber woher nehmen? Anfangs wollte ich eine Bank überfallen. Habe mir ein Schießeisen gekauft und eine Strumpfhose über den Kopf gezogen – und ab in die Bank. Her, sage ich, mit dem Geld. Und was meinst du? Nicht der geringste Effekt. Haben bloß gelacht und gesagt, sie hätten genug eigene Bankräuber. Keinen Pfennig haben die rausgerückt.

IWAN Gesindel!

WANKA Darauf beschloß ich, eine Millionärin zu heiraten. Und stell dir vor, fand sogar eine. Wir lebten ungefähr eine Woche zusammen, dann ab: Scheidung. Rechtsanwalt, Gericht. Um's kurz zu machen: Bis aufs Hemd haben die mich ausgenommen. Nicht mal mehr für den Bus hatte ich Geld.

IWAN Gar nicht lustig.

WANKA Wahrhaftig nicht. Und warum? Weil man viel zu viele von uns hierher geschickt hat. Früher, als wir noch nicht so viele waren, da hat man uns noch geschätzt. Aber jetzt – jetzt herrscht hier die reinste Agenteninflation.

IWAN Schau mal da!

Aus der Tür rechts kommt eine ganze Kompanie Agenten und marschiert in Reih und Glied direkt ins Hotel. Der Oberagent gibt die Kommandos: »Gleichschritt!«, »Kopf hoch!«, »Iwanow aufschließen!«, »Eins-zwei, eins-zwei, links-rechts, links-rechts!« usw. Die Agenten singen ein flottes Agentenkampflied:

Wir sind die Sowjetspione,
Nichts ist sicher vor uns.
Aufgepaßt, wir sind nicht ohne,
Hindernisse gibt's nicht für uns.

(Refrain) Messer zwischen die Rippen,
Sturz über steile Klippen . . .
Heuern euch an im Handumdrehn!
Links marsch – immer heiter,
Rechts marsch – immer weiter.
Keiner hat was gesehn.

Ob forschende Intelligenz,
Fettsäcke von der Politprominenz –
Alle rechnen mit unsrer Präsenz:
Denn wo wir sind, da brennt's.

(Refrain)

Die Spione kriechen unter die Riesenbettdecke im Hotel. Der Direktor kommt angelaufen, rennt ins Hotel und kriecht auch unter die Decke.

DIREKTOR *lugt unter der Decke hervor* Der Kongreß hat diese Operation im Interesse der Verteidigung des Westens beschlossen.

Einen Augenblick wird es still. Dann hört man unter der Decke hervor:

STIMME DES AGENTEN Sieht man dir doch an, daß du einer von uns bist.
STIMME DES DIREKTORS Wie denn? An den Augen? Oder am Akzent?
STIMME DES AGENTEN An der Figur.

Der Direktor kriecht unter der Decke hervor und bringt seine Kleider in Ordnung.

DIREKTOR Und doch hat die westliche Kultur ihre Vorzüge. Jetzt werden wir all die heimtückischen Pläne des Kremls aufdecken und den Westen vor der kommunistischen Gefahr bewahren. Ans Werk!

Der Direktor rennt in sein Institut, will sich auf den Stuhl setzen, springt auf und faßt sich ans Hinterteil. Er legt sich bäuchlings auf den Tisch. Bei beiden, Boß und Direktor, erscheinen die ihnen unterstellten Agenten gleichzeitig im Zimmer.

AGENTEN *aus einem Munde* Er ist angekommen!

DIREKTOR/BOSS *aus einem Munde* Wer?

AGENTEN *zusammen* Der Bevollmächtigte Agent, KGB-General Iwanow mit dem Decknamen »Wissenschaftler«.

Der Direktor und der Boß springen auf.

DIREKTOR/BOSS *zusammen* Sämtliche Präsidenten, Könige, Minister, Generäle, Journalisten, Rechte, Linke, Rosarote, Grüne und alle anderen sind davon in Kenntnis zu setzen!

AGENTEN *im Chor* Bereits geschehen!

Der Direktor und der Boß verlassen ihre Institute und tauchen in der Tür zur Bank auf. Aus der Tür rechts kommt der Wissenschaftler. Das Hinterteil ist bei ihm dort, wo das Gesicht zu sein pflegt, und das Gesicht dort, wo sonst das Gesäß ist. Aus dem Café kommen Iwan, Wanka und die Putzfrau und aus dem Hotel die Wirtin.

PUTZFRAU Er ist schon da! Bestimmt geht es jetzt dem Kapitalismus an den Kragen! Höchste Zeit!

WIRTIN Das lasse ich nicht zu!

PUTZFRAU Als wärst du gefragt! Ich werde zum Direktor ernannt. Und du ... Du wirst Putzfrau. Ha-ha-ha.

WANKA Endlich gibt's Ordnung! Endlich weniger Arbeitslosigkeit unter den Agenten.

IWAN Und wenn wir nun als Schmarotzer direkt von hier nach Sibirien geschickt werden?!

Eine Horde Journalisten, Politiker, Generäle, Könige, Prinzen, Unternehmer usw. kommt auf die Bühne gelaufen. Der Direktor und der Boß eilen auf den Wissenschaftler zu.

BOSS Erlauben: Chef der Sowjetagentur im Westen, General Iwanow.

DIREKTOR Gestatten mich vorzustellen: Chef der Spionageabwehr des Westens, General Jones.

Der Wissenschaftler drückt ihnen die Hand.

DIREKTOR Meine Damen und Herren! Sie haben die Ehre, die Erklärungen des Bevollmächtigten KGB-Agenten Iwanow mit Decknamen »Wissenschaftler« live mitverfolgen zu dürfen. Ich darf Sie bitten, Fragen zu stellen.

FRAGE Beabsichtigt der Kreml, den Kapitalismus im Westen abzuschaffen und den Kommunismus einzuführen?

WISSENSCHAFTLER Die Liquidierung des Kapitalismus im Westen muß momentan aus zwei Gründen ad acta gelegt werden. Der erste Grund sind Versorgungsschwierigkeiten sowie technologische Probleme in der Sowjetunion. Der Westen muß uns zunächst einmal helfen, den Westen in dieser Hinsicht einzuholen und zu überholen. Erst dann können wir der Bitte des Westens stattgeben, ihn in die brüderliche Familie der sozialistischen Länder einzureihen. Der zweite Grund ist der, daß wir noch keine Konzentrationslager für euch in Sibirien bauen konnten. Die alten sind unbrauchbar geworden, und für neue fehlen uns vorläufig noch die Mittel. Sobald wir von euch eine neue, nicht rückzahlbare Anleihe erhalten, begeben wir uns an die Einführung der Diktatur des Proletariats in eurem Lande.

FRAGE Wem überträgt der Kreml die Abschaffung des Kapitalismus und die Einführung des Kommunismus im Westen? Ich nehme doch an, den Eurokommunisten, oder?

WISSENSCHAFTLER Auf gar keinen Fall! Das machen wir selber. Vielmehr sind die Eurokommunisten in erster Linie zu liquidieren, damit sie uns beim Aufbau des wahren Kommunismus nicht im Wege stehen.

FRAGE Wen wird der Kreml in zweiter Linie liquidieren?

WISSENSCHAFTLER Alle anderen.

Unruhe unter den Zuschauern

FRAGE Welche Sanktionen beabsichtigt der Kreml gegenüber dem Westen zu ergreifen – als Antwort auf die Nichterfüllung des Plans über Lebensmittel- und Technologiezufuhr des Westens an die Sowjetunion?

WISSENSCHAFTLER Sehen Sie selbst!

Der Wissenschaftler zeigt auf das Bauwerk hinter der Mauer rechts, das eben enthüllt wird: darunter kommt eine riesige Hand mit drohendem Zeigefinger hervor. Die Menschenmenge verstummt. Alle gehen schweigend auseinander. Der Direktor und der Boß führen den Wissenschaftler ins Café. Sie nehmen am Tisch Platz. Ein Kellner kommt an den Tisch geeilt.

KELLNER Was darf es sein, Herr Bevollmächtigter Agent?

WISSENSCHAFTLER Irgendwas typisch Westliches.

KELLNER Als Aperitif kann ich Cocktail »Gulag« empfehlen, als Vorspeise Salat »Friedliche Koexistenz« oder »Détente«, als Hauptgericht – Entrecôte »Lubjanka«. Und selbstverständlich einen Wodka. Höchst delikat ist auch unser »Nomenklatura«.

Während der Direktor, der Boß und der Wissenschaftler zu Tisch sind, tragen die Zuschauer vom Westen in die Tür nach rechts Abgüsse von Kühen, Hühnern, Schafen, Obst und Gemüse, Kleidern, Autos und anderen Konsumgütern. Aus der Bank kommen der SM *und der* WM. *Aus dem Bett im Hotel kriechen die Sowjetagenten. Sie treten auf dem Platz in Reih und Glied an. Der* SM *und der* WM *gehen auf sie zu.*

SM Genossen! Partei und Regierung haben uns einen Auftrag von epochaler Bedeutung übertragen. Dieser Vertreter der westlichen Spionageabwehr *(er zeigt auf den* WM*)* wird euch helfen, an Objekte heranzukommen, die von großer strategischer Bedeutung für unser Land sind. Ich erwarte, daß ihr den Befehl ausführt.

Der Oberagent gibt das Kommando. Die Agenten gehen in Reih und Glied nach links ab. Sie singen das Agentenkampflied. Der WM *marschiert ihnen voran. Auf der Bühne gehen die Lebensmittel- und Technologielieferungen des Westens an die Sowjetunion weiter vor sich.*

SM Verehrte Zuschauer! Sie sehen, wie eifrig der Westen den Beschluß des 1. April-Plenums des ZK der KPdSU erfüllt. Und nun kommt der entscheidende Augenblick.

Agenten kommen auf die Bühne – mit Kisten, auf denen Computer geschrieben steht. Aus dem Café kommt der Wissenschaftler und versucht, das Hinterteil, das er an Stelle des Gesichts trägt, in die Kisten zu stecken. Wenn der Wissenschaftler sagt »Paßt!«, tragen die Agenten die Kiste nach rechts. Wenn er sagt »zu klein«, tragen sie die Kiste nach links. Schließlich ist keine einzige Kiste mehr auf der Bühne. Die Agenten stellen sich wieder in Reih und Glied und marschieren singend durch die Tür nach rechts. Von links kommt der WM *mit zwei riesengroßen Koffern, aus denen alle möglichen Sachen herausfallen: Jeans, Lumberjacks, Büstenhalter und Hosen. Der* WM *überreicht die Koffer dem Wissenschaftler, der sie schweigend nach rechts schleppt und sich in der Tür in der Mauer versteckt. Aus dem Café kommen der Direktor und der Boß, gehen in ihre Institute, setzen sich an ihre Tische und schlagen die Zeitung auf. Im Hotel kriechen die Wirtin, Wanka und Iwan unter der Bettdecke hervor. Die Putzfrau kommt angeschlurft und steigt dabei über den Leichnam des Kassierers. James Bond wird aus der Tür rechts geworfen. Der Vorhang fällt.*

WM Also, Kollege, ich habe mein Versprechen gehalten: der Kreml hat bekommen, was er haben wollte. Nun ist die Reihe an Ihnen. Eröffnen Sie mir, was das geheimste Geheimnis des Kremls ist!

SM Zu diesem Zweck müssen wir uns in den Kreml begeben.

WM Wird man mich dort nicht festnehmen wie das letzte Mal?

SM Hör mal, Kollege! Es wird Zeit, daß du endlich unser Ordnungssystem begreifst. Das erste Mal bist du festgenommen worden. Das zweite Mal hat man dich geschnappt. Das dritte Mal hat man dich auf frischer Tat ertappt. Und diesmal wird man dich als Erzspion entlarven.

WM Was nun? Ich will nicht wieder in die KGB-Folterhöhle!

SM Gar nichts wirst du! Wird schon irgendwer für dich sitzen. Also, auf in den Kreml! An den Puls der Welt!

Epilog

Der Vorhang geht auf. Bühnenbild wie im 1. Akt. Apparatschiks bringen die Porträts der Regierungschefs herein und hängen sie auf. Dann bringen sie Gensek, der auseinanderfällt. Sie verstauen Genseks Teile in einem Sack. Nur Genseks Kopf ragt aus dem Sack hervor. Den Sack hängen sie gleichfalls auf. An die exponierteste Stelle (die Kandidatur auf den Gensek-Posten) hängen sie eine Taube.

WM Sehen Sie, genau, wie wir vorausgesagt haben: die Tauben behalten doch die Oberhand.

Der Tauben-Kandidat fällt plötzlich von der Wand. Er wird weggeschafft. An seinen Platz wird ein Falke aufgehängt, daneben ein Militär.

WM Das war zu erwarten. Die Macht im Kreml haben die kriegslüsternen Falken an sich gerissen. Man darf auf eine Militärrevolte gefaßt sein.

Genseks Assistenten entrollen vor Gensek seine Rede.

GENSEK Wer-te Ge-no-ssn ... Das Wort für das Referat über die Ergebnisse betreffend die Erfüllung des 1. April-Plenums-Beschlusses gebe ich ... Wem? ... Irgendwie kann ich nicht entziffern, wem ...

STIMME DES IDEOLOGEN Mir! Mir natürlich! ...

SM Das ist der Ideologe.

STIMME DES KRIEGSMINISTERS Wieso dir?! Mir natürlich!! ...

SM Das ist der Kriegsminister.

STIMME DES KGB-CHEFS Das Wort ergreife ich!

SM Das ist der KGB-Chef. Der liebt es nicht zu schweigen. Wenn er erst mal das Wort an sich gerissen hat, hat keiner mehr eine Chance!

STIMME DES KGB-CHEFS Genossen! Die Staatssicherheitsorgane haben den Auftrag des ZK der KPdSU, die völkerverbindende Bewegung zur Verwirklichung des 1. April-Plenums-Beschlusses betreffend die Überwindung der Mängel in der Arbeit des Westens anzuführen, ehrenvoll erfüllt. Die Ergebnisse unserer Arbeit sind offenkundig!

Die Apparatschiks bringen die Kisten mit der Aufschrift COMPUTER *auf die Bühne, entnehmen ihnen Klosettbekken und stellen sie im Vordergrund auf.*

STIMME DES KGB-CHEFS Unsere Kundschafter haben gemeinsam mit den Werktätigen des Westens die Mängel in der Arbeit des Westens korrigiert und die Erfüllung dieser epochalen Aufgabe durch die Lieferung eines Wunders an moderner Wissenschaft und Technik – selbstreinigende Klos – gekrönt. Die Klos heilen zudem alle Ober- und Unterleibskrankheiten, angefangen bei Gonorrhöe bis hin zum Marasmus. Sie neutralisieren schädliche Atomrückstände. Außerdem kann man auf ihnen in den Kosmos fliegen und von ihnen aus mit absoluter Genauigkeit auf jeden beliebigen Punkt unseres Planeten zielen. Sie verfassen selbsttätig Reden für höhere Regierungsmitglieder, ja, halten sie sogar selber, und das grammatikalisch fehlerfrei. Die Hauptsache aber ist, daß man mit diesen Klos ruhig auf Sitzungen sitzen und bei Paraden stehen kann – ohne zu riskieren, seinen Führungsposten an andere zu verlieren.

Stürmischer Applaus, der in Ovationen übergeht. Rufe wie »Endlich!«, »Es lebe der KGB*!«*

STIMME DES KGB-CHEFS Wir haben uns unsererseits verpflichtet, den Westen mit natürlich stinkendem Gas zu versorgen. Und wir werden unsere Pflicht erfüllen!!

Applaus, der in homerisches Gelächter übergeht. Die Apparatschiks kommen auf die Bühne gelaufen, nehmen die führenden Regierungsmitglieder und Gensek von der Wand und stopfen sie in die Klos. Nur ihre Köpfe ragen noch aus den Becken hervor. Der Vorhang fällt.

WM Und wo ist nun das versprochene Kreml-Geheimnis, Kollege?

SM Das wichtigste Geheimnis des Kremls ist, daß es gar

keins gibt. Zeit, Abschied zu nehmen, Kollege. Die Komödie ist zu Ende.

WM Ich hoffe, wir gehen in Freundschaft auseinander ...

SM ... doch in Übereinstimmung mit den Prinzipien der friedlichen Koexistenz.

Der SM *stürzt sich auf den* WM *und reißt ihm Jacke, Jeans, Schuhe und Uhr vom Leibe. Der* WM *leistet keinen Widerstand und bleibt halbnackt stehen. Der* SM *schwingt drohend die Kleider des* WM *und geht nach rechts bis ans Ende der Bühne.*

SM Für friedliche Koexistenz, Kollege, heißt es zahlen! Good bye! Au revoir! Arrivederci! Auf Wiedersehen! Auf baldiges Wiedersehen!

Der SM *und der* WM *verlassen die Bühne. Vor dem Vorhang werden von der linken Seite der Bühne her Raketenbasen herangeschoben, auf denen statt Raketen Obst und Gemüse, Haustiere und Kleidung aller Art abgebildet sind, und von der rechten Seite her Klosettbecken, aus denen Raketen herausragen sowie die Hinterteile der führenden Regierungsmitglieder. In der Mitte der Bühne stoßen sie aufeinander.*

München, November 1984